AQUARIUS

AQUARIUS

AQUARIUS

AQUARIUS

Catcher

一如《麥田捕手》的主角，
我們站在危險的崖邊，
抓住每一個跑向懸崖的孩子。
Catcher，是對孩子的一生守護。

世上沒有理想的父母

羅怡君

【推薦序】

請走在孩子身邊

◎王政忠（南投縣爽文國中教師、作家）

怡君媽媽是個知名的部落客及專欄作家，許多人以為怡君很會說道理，就我看來，她更擅長說故事。因為很多道理她還沒說，聽完她描繪的生動有意思的故事後，你就懂了。這是一個很棒的方式，根據我在國中教學現場二十年的經驗，我敢保證，如果不是這種方式，百分之九十九的學生在你的故事（很八股的那種）還沒說完時，就翻白眼拿出手機在滑了。

這本書大概就是這種方式寫成的——用有意思的故事說天下的父母其實都懂，但未必能真心接納的道理。尤其是：減法的道理。

比如說：減去「視角遺傳」吧！

別再習慣性地以自己的視覺角度去評斷孩子與你肯定不會完全相同的視覺角

度。我經常在家長或教師場次的演講中做一個實驗，我會拿出一張兩面圖樣或顏色不同的紙，一面朝我，一面朝聽眾（甚至就請他坐著回答我）地問：「你看見什麼？」當聽眾說出顏色或圖案，我就會疑惑地說出：「咦？可是我看的不是這樣唉！」他會說：「可是我看的就是這樣啊！」我會堅持：「可是我看的是這樣！」然後聽眾就會說：「那是因為你跟我看的角度和高度不一樣啊！」我就會停頓，然後回他：「對啊！就是因為這樣啊！你有多少次這樣評斷了你的孩子？」

現實世界或者職場環境，或許角度或高度的不同，會被認定與你的能力與智慧是正相關的，然後你也只能摸著鼻子為了五斗米折腰閉嘴。但在孩子的世界——在你與孩子的世界，不同就是不同，沒有什麼高低立判，就只是不同而已。

要不你蹲下來跟他同一個高度，走到他身邊去，跟他同一個角度；要不拉把凳子讓他墊著腳跟你同一個高度，然後摟著他跟他同一個角度。或者，輪流交換角度高度。

你得先聽見，才會真正看見；看見，才會真正遇見；遇見了，彼此的生命才有交互作用的可能。

我說的是：你與你的孩子，生命與生命交互作用的可能。

當你無法以相同角度與高度，去看待孩子與你的視角勢必不同的必然，那麼你與你的孩子生命中那麼美好的應然，就會失之交臂。

這是我聽到的第一個道理。

接著是：減去「立場世襲」吧！

別再過度替你的孩子決定或者過濾他該知道或者不該知道的訊息了，當然，那種十八禁的不在此限。我總是記得我剛剛接任訓導工作的時候（那是二十年前的事了），我是個剛從師範大學畢業的菜鳥實習老師，沒有人教我怎麼成為一個訓導人員，我所有對學生的嚴格要求，就來自於我自己是國中生時被管理的經驗，衣服該紮進去要紮進去，頭髮該理短要理短等等，然後我就發現我在每天的追趕跑跳碰中累得半死，而我的學生就跟當年鬼靈精怪的我一樣，以捉弄我、跑給我追、躲給我找為樂。直到有一天，我氣喘吁吁地逮住一個學生，因為她的制服下襬又露出來，她看著我，然後問我：「老師，你不累嗎？」

我是很累。更累的是：我這樣累的意義究竟何在？我的學生因為我的累（或淚）又獲得什麼好處？

於是我換個角度想：當年我最不喜歡我的老師的思維模式及外顯行為有哪些？

比較起來，我更不喜歡的是他的思維還是行為？

然後我再換個角度想：當年的我，有沒有想過我的老師如果能懂我什麼就好了？或者願意試著懂我就好了！

那之後，我試著讓自己接近後面的那個老師。

更之後，我發現，我漸漸成為學生願意接近的那個老師，而且，越來越多。

父母，何嘗不是如此？

這個世界並不是無菌室，不是喝多了比菲多或者吃了龍根菌，你的孩子就會在你的羽翼下長成像大樹一樣高；你也曾經教過你的孩子騎腳踏車，當孩子學會了，你就會放手，但如果你一直不放手，你不會知道孩子學會了沒有；成為扶翼的風，讓孩子試著鼓動翅膀，別成為溫室植栽的那個盆，讓孩子在直徑十二公分的圓框裡，以為自己就是全世界。

別走在我前面，我不一定跟隨；別走在我後面，我不一定帶領；請走在我身邊，成為我的夥伴。

僅以卡謬的話，註解怡君老師教會我的第二個減法道理。

第三個是……喔，不該視角遺傳或者立場世襲，你要不要自己來看看？

【自序】

愛平凡的孩子，是父母最大的責任

暫時

我只是妳暫時的天使　無法變為妳的神
我只是暫時擋住風雨　而非能使喚什麼
我只是暫時充當嚮導　事實上路並不清楚

雖然我有時忘記這些都是暫時

妳暫時是個孩子
讓我暫時變成母親
也許妳暫時不會知道
或許是我假裝妳不知道

鐘聲不在午夜十二點　在什麼時候呢？

等妳知道一切都是暫時的那刻
才能了解暫時的永恆之意
關於人生
我只能這樣暫時回答妳

孩子長越大，母親這個角色我當得越謙虛。還沒成為母親的我，一直認為「教出優秀的好孩子」是教養的目的、是評鑑母親角色的重要項目，也是替孩子成年前應該做好的基礎準備。然而過去幾年下來累積的生活試驗，我發現自己的轉變能力未必切換得比孩子快，調整彈性也不像孩子般柔軟強韌；我甚至做不到跟孩子一樣無條件付出不問收穫……

過去的成功經驗早已不適用於未來社會，資訊平台的建立打破各種能力的界線，如果我們無法「教給」孩子什麼，那麼老天到底賦予父母什麼重要意義？

有個寓言故事是這樣的：一位富翁到一個小島上度假，在海邊散步時迎面走來一位漁夫，手裡拿根釣竿和幾條魚，心情看起來非常愉快。富翁跟他聊了起來，他開心地說：「今天真是好運氣，一下釣到好多條魚，不但晚上可以加菜，還能賣掉賺點錢呢。」

富翁說：「既然這樣，為什麼你不租條小船，每天多釣點魚，賣更多錢呢？」

「然後呢？」漁夫問。

「然後存錢買艘自己的船，出海撈更多魚，賣更多錢啊。」

「有這麼多錢之後要做什麼呢？」漁夫有點納悶。

「就可以買座小島悠閒地度假啊。」富翁得意地說。

「可是我現在每天就已經在悠閒度假了呀！」

這個故事不斷在我心中發酵，當初希望孩子優秀成功，那個定義到底是為自己還是為別人呢？希望孩子追求幸福快樂，會不會也和富翁一樣繞了這麼一圈，但其實孩子從小就已經擁有了呢？

打個簡單的比方，如果我們也認為每個孩子都是老天獨一無二的傑作，那麼孩子來到這世上時，本身就已經帶著「答案」。我們面對一張空白的考卷會去作答，但是面對答案卷時，沒人會想「修改」答案，而是去了解學習「為什麼」是這個答案。同樣回到教養上，我們做父母的自學功課，就是盡力維持答案原貌，並積極地協助孩子了解為什麼，並學會覺察自己的特質和使用方法。

為了弄懂這張「答案卷」，我成為一位名符其實的「家長自學生」：積極蒐集各方資訊、接觸各類教育思想，打破以往學習框架，開始翻閱以往從未涉獵的書籍……沒想到原本為了尋找解方的思辨之旅，也意外地成為認識自我的神奇旅程——不只孩子獨一無二而已，當初那份屬於我的「獨一無二」又是什麼呢？

我帶著不同的思維和孩子一邊生活一邊思考、一起爭辯一起討論、一會兒興奮一會兒挫折……我在每天無數個選擇中掙扎進退，也在很多嘗試裡拿捏細節，許多夜裡我輾轉難眠、自問自答，試煉自己是否誠實面對各種情緒，而不被好聽的藉口理由矇騙過關，時時提醒自己千萬別以愛為名，作了自私的決定。

或許孩子也感受到些什麼。有天我無意聽見她告訴同學很喜歡當我的女兒，我才知道原來這就是我尋覓的答案：孩子無條件地愛著平凡但獨一無二的父母，而我們只要也做到這點就可以了。

接下來的日子，任務逐漸變得清晰，我的自學方向也開始調整：拋開自己已有的框架和限制，專心地無條件地愛我的平凡孩子。

無條件的愛並不容易做到，這本書裡記錄著許多的自我覺察和挑戰。很多時候我們搖擺不定，是因為想得不夠誠實清楚，然而一旦豁然開朗，就能找到屬於自己和孩子的專屬北極星，我們不再擔心路途過程如何地曲折遙遠，因為那都是我們攜手並進的旅程風景。

目錄

第二章　每個決定都關乎如何選擇

第三章　開啟對話的鑰匙

——尊重與同理

第四章　環境給我們的教養挑戰

目錄

第五章　永無止盡的學習之路

第一章

建立獨一無二的價值觀

——我要成為什麼樣的母親

孩子，你可以既獨立又依賴

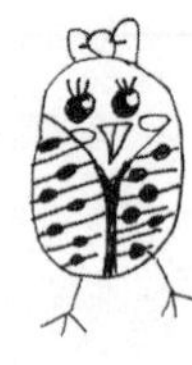

孩子莫名其妙鬧彆扭

最近妹妹有些怪裡怪氣。

明明可以自己在房間裡睡覺，最近半夜又偷溜回我床上；前陣子喜歡自己躲起來看書，頂多不讓我知道書名，但現在只要我一出現在她視線裡，立刻就把書闔上放旁邊；不論開口跟她聊些什麼，都故意說反話，非要搞得母女倆鬧彆扭才善罷甘休。

一向自律體貼的她到底是哪根筋不對了？學校裡沒特別的事情發生，家庭生活也很平靜，這看起來越來越獨立的孩子，到底心裡起了什麼變化呢？然而這事兒急也沒用，孩子可能醞釀什麼想法還不願溝通，或是沒準備好面對情緒，我只好暫時按兵不動，心裡天真想著說不定過陣子也就沒事。

一兩個禮拜之後情況不見好轉，但有些蛛絲馬跡漸漸浮現出來：

「媽，我要去洗澡了。」妹妹喊我。

「喔，好啊，快去洗洗出來吃水果。」正在回一封電子郵件，我頭也沒抬。

過了幾分鐘按下送出鍵，冷不防地瞄見她站在我的眼角餘光裡。

「妳怎麼還在這裡？到底要幹嘛啦？」

「妳可以進來陪我嗎？我可以自己洗，但我想要妳在外面跟我聊天。」妹妹邊說邊看著我。

我將差點脫口而出的拒絕吞下肚，就在一兩秒間轉了個念頭，妹妹自從會自己洗澡後很少開口「邀請」，不妨聽聽她想說什麼，以免總是「敵暗我明」。奇怪的是，明知道我在門外頭守著，妹妹卻意興闌珊地沒開幾次口，一場澡十分鐘洗完，走出來時我想替她擦擦身體，也是一副沒精打采的樣子。

回溯情緒的源頭

「到底怎麼啦？最近妳跟以前很不一樣了，有什麼事是我可以知道的嗎？還是我的小女孩長大了，不願意什麼事都跟媽媽說了嗎？」我故作輕鬆、瀟灑地開口，天知道我心裡根本不是這樣。

「才不是哩，妳每次都亂猜！」妹妹突然大聲反駁，我真覺得莫名其妙，那不然到底是怎麼樣嘛！

我保持沉默，一邊努力壓抑著怒氣，一邊回想方才那些話到底出了什麼問題：是「不一樣」？還是「長大了」？還是我假設她不想跟我說的想法惹她委屈？突然之間，腦袋裡浮現前些日子的種種跡象，我好像知道「那種感覺了」！

等妹妹穿完衣服，我一把大大地抱住她，故意靠著她的頭不看她的眼睛，兩個人先這樣搖啊搖，然後我在耳邊告訴她：

「啊，媽媽猜猜看妳在想什麼，猜對的話就拍我的背兩下，猜錯的話拍一下，我們玩這個遊戲好不好？」妹妹點點頭，沒有拒絕。

「嗯，媽媽以前也有過這種感覺喔，這種感覺叫『失落』，覺得自己長大了、能力變更多了，可以自己做很多事，可是卻沒有想像中那麼高興，可能是因為這樣就沒辦法跟人家撒嬌、黏在一起或者偶爾想偷懶，所以有些不想長大的感覺。因為又想長大又想撒嬌，自己的心情就會時好時壞，想要發點脾氣，請問我猜得對不對啊？」

妹妹噗哧笑出來，很快地在我背上拍兩下，然後抱我更緊了。

人生第一次失落，也是成長的里程碑

這一兩個月為了暑假外宿做準備，妹妹自己學習洗頭洗澡、洗衣洗便當盒，一時之間好像突然長大不少，只是行為上的迅速獨立，未必內心就能割捨過去的情感依賴。人生首次嘗到失落感滋味的孩子，當然無法辨認情緒，更別提溯本循跡找出原因，這時候，藉由大人協助認識並釐清內心的情緒特別重要，想到這裡我簡直忍不住想大肆慶祝「第一次失落感」的到來。

這也是成長的里程碑啊！我又親眼見證孩子的「第一次」了！

這樣抱著說話讓妹妹感到放鬆安心，也避免不好意思承認的感覺，於是我繼續維持原來姿勢不動，繼續我們的「耳語悄悄話」：

「妹妹，媽媽跟妳說，雖然長大之後妳會自己做更多事情，可是這不代表媽媽就會跟妳越來越分開喔。雖然我很高興我的孩子越來越厲害可以獨立，但是還有很多事情是下個階段妳準備學習的，就像是一、二年級妳念完了，還有三、四年級一樣，媽媽會繼續陪伴妳做不同的事情。」

「不過要是有時候，妳突然覺得長大好累喔，想要回味一下媽媽幫妳洗澡、跟妳窩在一起睡覺的感覺，也沒問題，只要跟媽媽說就可以了，或者妳不好意思說的話，我們現在一起來想個暗號？這樣好不好？」妹妹聽到這裡一把放開我，看著我的眼睛笑著點點頭：「媽媽，我已經把暗號想好了耶。」看來她還是魔高一丈的達人。

後來我們決定從「看書」這件事情著手，把「自己閱讀」和「親子共讀」兩件事分開處理，不因為孩子能自己閱讀，反而失去和父母分享故事的時光，這樣對孩子來說是「懲罰」，自然也就不會喜愛閱讀。於是妹妹自己挑的書就自己看，而媽媽挑選長篇的青少年小說當作床邊故事，同時享有兩種閱讀樂趣。

連結可以不斷創造

妹妹陰陽怪氣的情緒一解開，便能自在地享受獨立的成就感，更不會因為失落感而拒絕學習成長；當我們隨著孩子年紀創造新的挑戰、新的連結，就能保有與孩子間的親密感，並同時引領孩子繼續前進。

正面看待任何人的「情緒依賴」，那正是展現最柔軟之處的表現，也是安全感的重要來源，而這些需求並不會因為行為獨立而消失，想想你我自己就知道，有個地方能放心地安置心靈，才會有勇氣面對生活裡的種種挑戰。

家．長．的．日．常．反．思

- 孩子哪些行為會被認為「獨立」？
- 為什麼是這些行為呢？
- 如果孩子做到其他自認為獨立的事，我們也會認為是獨立的表現嗎？
- 為什麼我們擔心孩子依賴呢？我們會因此聯想到什麼呢？

我們是別人眼中美好的風景嗎？

在夢想與現實之間

好不容易一群久未敘舊的老友見面，大夥兒特地找一家網路盛名的咖啡店，沒想到店址低調難尋裡頭卻人聲鼎沸，不免讓人感到佩服。眼尖的店員馬上注意到咱們這群彆扭的客人，熱情地招呼我們並開始介紹店裡的特色餐飲。

店員點完餐前腳一走，其中一位朋友馬上跟我們咬耳朵：

「聽說這家老闆才二十幾歲，這邊店員也都好年輕喔，看起來不像兼職都是做正職的，真不知道一個月能賺多少錢？」

「應該是生活沒壓力，家裡也不需要拿錢回去吧，真令人羨慕。」看來這話題引起許多共鳴。

「當然啊，這些人家境不會太差，不然哪有可能做這種夢？你沒聽說現在年輕人都想自己創業，而且最喜歡開咖啡店，這麼浪漫的工作誰不喜歡，說穿了就是群好命的小孩。」另一位朋友搭腔。

我看著眼前這群朋友，其實離開「年輕人」的世界沒有太久，卻已經把年輕人和自己之間畫了界線，他們的陳述和猜測未必有錯，雖然沒有具體的調查數據，不過就現實條件而言這樣的判斷應該所差不遠。

生活有餘裕是幸運，也是包袱

正當我發楞時，大家話鋒一轉，開始提到了自己的小孩。

「要是我的小孩跟我說要創業，我一定一毛錢都不會拿出來，想創業就憑自己本事，不然最後也是賠錢，還不是得乖乖去上班。」

「我應該會支持一下啦，不過不要念到博士再去賣雞排，想賣雞排早點說，不要浪費太多時間跟我的錢就是了。」

這番雞排論把大家逗得哈哈大笑。其實在座朋友的小孩們大多都還在國小階段，我心裡暗自想著也只有現在大家才笑得出來，不過這是個很好的題目，讓我們好好整理心中的一些想法。

「ㄟ，我問大家，如果你是這些家境還可以、沒有急迫生活壓力的年輕人，那麼你會做出同樣的選擇嗎？」這是我的第一個問題。

大家一時愣住了，批評別人的選擇很容易，但若有機會能選擇自己的夢想，誰不想呢？只是這夢想是上哈佛還是開雞排店而已，不是嗎？果然主角一旦換成自己，似乎就沒有那麼絕對的答案了。

想想我自己的個性不甘寂寞喜歡熱鬧，興趣廣泛卻不喜專精，若我有機會做選擇，也未必會走這條路。這些隱身在街頭巷弄、不喜世俗成功之道的族群，享受生活的方式與我不同，他們能自我供給飽滿的能量，不受限於外在的評價標籤，就像《刺蝟的優雅》書中博學多聞的門房太太，關起門來是自己的天地，現實世界是另一個不得不存在出現的時空。

「開咖啡店或是賣雞排要成功，也得辛苦工作吧，為什麼我們老是覺得做這些『非上班』的事很浪漫呢？」我接著說。

有生活「餘裕」的狀態並不是個原罪，孩子不能選擇出生之家，自小也無法拒絕父母給的生活資源，若因為這些條件而無法擁有自己的人生，或許這些孩子願意放棄所有的一切，只為能自由選擇。

換句話說，**若本身擁有具有優勢的社會條件時，願意放棄追求更多的金錢地位，耗費自己的時間與資本，投身於感興趣的事情或理想，這也是實踐理想、展現堅持，嚴格的說，這何嘗不是成功的教養？**

比較嚴肅的反省是：當我們的身分轉換成父母的時候，會不會因為這些「餘裕」出自於自己的給予，而不自覺地認為擁有評斷的權力呢？

專業素養的背後，是選擇與犧牲

我跟朋友們分享另一則故事。那天聽出版社的朋友說，國際書展時某位法國作家來台，出版社安排帶她到大稻埕的茶館裡喝茶，社內同事用法文向作者介紹地區歷史和茶的特色，這過程裡，送上茶點的服務生也聽見一二，最後忍不住也用流利的法文和客人寒暄交談。作者聽見熟悉的語言分外開心，加上服務生對茶道的專業令人驚豔，也對台灣留下極深的好印象。

「會說法文的服務生耶，好有素養喔。」有人悠悠地吐出這句話。

「對啊，這跟我們常常羨慕日本的達人是不是很類似？好像日本隨便一家小店裡就藏著一個超厲害的專家。可是我們卻阻止我們的孩子有類似的想法，難怪台灣的國寶都是老人啦！」我半開玩笑緊接著說。

我們欣羨日本人文深厚的底蘊、經典的美學，卻沒有想過需要多少人不求功名、沒日沒夜地投入自己的小世界；當我們循著網路書本造訪一間毫不起眼的小甜點店、手作工坊，又怎麼會想到他們勢必得經歷孤獨的堅持，還有同樣不可避免的產業競爭。

享受這當中的苦和甜，是他們的共同選擇，也是他們共同的語言。

這並不是特例。網路上曾流傳一則趣聞：一位西班牙水電工下班後的「夜間身分」是小說創作者，選擇這份自由職業才能擠出時間創作，每天辛苦謀生，只為延續自己創作的熱情；**我們口中的「業餘興趣」對他而言才是真正生活的重心，也是持續追求的人生目標**。

底下的留言難得的一片掌聲，但回到現實生活裡我們不禁要問，創作小說為什麼需要這樣的「妥協」才能贏得稱讚呢？

允許孩子追求更多元的人生

不止一次，才八歲的妹妹曾經這樣告訴我：

「媽媽，我以後想當設計師，可是不是賺很多錢的那種，我想要跟我的朋友一起開個小店，我賣自己設計的衣服，她們想設計髮飾和包包，這樣是不是很好？」

這當然是孩子現階段的單純夢想，但也最貼近孩子真實的天性。我想起自己小時候的心願，希望以後的工作都能每天唱歌跳舞，只是等自己長大了，好像反而沒有追求夢想、堅持下去的勇氣了。

身為父母的我們，若很幸運地能保有一些「餘裕」，那麼是不是應該撐出更大的空間，讓孩子能安心順應自己的選擇呢？支持孩子未必只代表財務上的支援，而是讓孩子的生涯裡能有更多自己喜愛的選項而已。

而把這問題放遠來看，**或許我們需要更多有餘裕的人向自己內心挖掘深層的意義，而不是運用資源再去投資、架高社會階級的門檻**。這樣的人心會更安穩祥和、社會能平靜共存，這一片美好的風景才會是人，才是台灣最原始且不可取代的生命力。

家·長·的·日·常·反·思

·每個人眼中美好的風景總是不同，我們腦海裡的人生風景是什麼呢？曾經受到誰的影響而改變了嗎？

·現在的生活和這幅風景有沒有關聯呢？

別為了「想要」，而忽略「必要」

還記得妹妹五歲時，我們費盡周章從狹窄的空間裡再隔出一間房，作為妹妹自己的小小天地。這個房間真的很迷你，從門口走到牆壁大概只有四步的距離，連窗戶都沒地方開，就一張書桌一張床，只是當房間落成的時候，妹妹只有高興一下而已。

奇怪的是，妹妹待在客廳裡的時間一點都沒有變少。除了睡覺和偶爾需要搞點神祕時會待在房間，其他時間還是和我們窩在一張沙發上：不論是一起吃三餐吃水果、看書看電視、我打電腦她寫功課、玩桌遊打電動或畫畫……當桌子「轉換功能」的時候，我們就必須同心協力鋪好報紙、拿塊抹布擦擦，或是把桌上堆疊的雜物先搬下放在腳邊。總之一張茶几一組三人沙發，從大門即一眼望穿的小小客廳，就是我們每天生活的地方，一直到要睡覺了，才各自回到房間床上。

這樣的生活絕對會互相影響干擾。一開始趕她進房間培養生活習慣，她總是進去一會兒又出來；有時怕吵到她請她關門，她還會嚷嚷著說不要不要，就這樣，房間實際上變成收納倉庫外加睡覺的地方而已。

如何使用空間，視家人需求而定

原本猜想也許是不喜歡自己的房間，直到有天問她，妹妹才說：「媽媽，我很喜歡跟你們擠在一起，我想知道你們說的每一句話、你們的心情，還有發生什麼事，而且我喜歡身體的某一個地方一直跟妳碰在一起。」從此之後我們不再執著於房間功能，我們再度開放妹妹加入茶几空間，彼此做出一些協調，日子也就這樣「熱熱鬧鬧」的過下去。

這讓我想起有好多人為著擁有一間房子或是想給孩子更大的生活空間努力打拚，早出晚歸犧牲家庭時間，但這真的是孩子想要的嗎？

當一個家庭的收支攤開，負擔最重的就是安身立命的房子，多少人因為想要有自己的家而必須出賣自己的下半輩子？在台灣找得到理想工作還算幸運，若想早幾年還清貸款，有的還必須遠赴他鄉、分離兩地，雙薪打拚的生活讓家庭功能瓦解，孩子在安親班保母家，睡前團聚大概也只剩下說晚安的力氣。這樣的真相對孩子而言是：房子（硬體）有了、家（軟體）沒了。

「人」才是讓家幸福的重點

在薪水不漲的狀況下，若房子的支出（不論租或購屋）成本能大幅降低，經濟壓力自然就變輕，物質欲望相較之下能夠計畫控制，賺多少花多少，不被五斗米綁住，就擁有更多選擇權，掌握自己生活的內容和品質。

我自己夢想中的家是什麼樣子呢？也許前方有個小院子、小花園，有個大大窗戶的房間，有個中島廚房我就願意學做菜了，還有從天花板到地上的落地書架配上木梯，當然還有可以放鬆泡澡的浴室……但其實從小到大從來沒有過自己房間的我，根本還不知道擁有自己房間是什麼感覺。

然而，**努力去實踐擁有這種家的夢想，卻從來不曾成為我的人生目標，因為「人」才是讓家幸福的重點。**

選擇和相愛的人成家，當然會把另一半的生活考慮進去；選擇一個讓自己熱情的工作，就不一定能同時選擇工作地點；選擇一個能就近照顧家人的地點，就無法隨心所欲的追尋理想中的家園……生活的一切就是圍繞著人而產生的，能夠因緣俱足、水到渠成實踐夢想當然很好，但千萬別為了「想要」而忽略了「必要」的事情。

把「想要」和「需要」分清楚，或許訂定人生目標就是最好的身教。偌大的空間是自在還是冷清？小小的空間是溫暖還是擁擠？

沒有哪種比較好，只要是孩子跟我們一起想要的就好。

家・長・的・日・常・反・思

・我們是否能誠實辨認自己的「想要」和「需要」，而不再把家人當成藉口呢？

・如果不必符合誰的期待、不必為誰付出犧牲，這些項目會不會有所改變？

人生很寬闊，不急著「專精」

居住在都市裡的生活型態就是越夜越熱鬧，一開窗總是飄進各式各樣的聲音：炒菜聲、吵架聲、打罵孩子的哭聲、卡拉ＯＫ的歡唱聲……不只樓上樓下的生活瞭若指掌，幾間隔壁大樓相近樓層的聲音在夜裡也很清楚。

有陣子不知怎麼地，大家都叫孩子學樂器去了。一會兒是這家的孩子吹笛子，一會兒是哪家孩子開始練琴，印象最深刻的還有假日早上吹著小喇叭，但是讓我們困擾的倒不是孩子們的練習曲，而是伴著音樂斷斷續續的責罵聲。

我們側耳一聽，猜測應該是某家孩子不想練琴，卻被媽媽指責半途而廢、不肯吃苦，接下來每天的某個時段便能聽見親子間大聲叫囂，剛開始孩子還保持沉默，最後終於大吵一架，從此琴聲也沒再出現了。

這讓我想起自己的「學琴生涯」。以前家境不算好，媽媽好不容易存到一筆錢，竟然希望我去學琴，搞不清楚狀況的我傻楞楞地去上課，喜歡唱唱跳跳的我哪裡靜得下來，沒多久就遇到瓶頸，直嚷著不學了。沒想到意志堅定的處女座媽媽更加認定學琴是「訓練耐心、定力」的好方法，不僅不收手，甚至加碼買台鋼琴回家請家教，才好就近管理盯著練習。

我永遠記得那台黑麻麻的鋼琴來家裡那天，必須動用吊車才能吊進在五樓的房子，窄小巷子裡鄰居們一邊看熱鬧，一邊還說我命好；自知不是固執媽媽對手的我，發展一套「上有政策、下有對策」的對應模式，表面上照表操課應付過去，但每天規定練琴的一小時裡，我坐在琴椅上仍然雙腳亂動、屁股亂扭，彈卡農嫌無聊、彈小奏鳴曲嫌複雜，只有難得遇見喜歡的曲子才有辦法安靜下來；就這樣我一路學琴到小學六年級，直到國中，媽媽更重視課業，才放我一馬。

孩子會放棄，背後有許多原因

現在回想起來，天底下媽媽們的理由似乎沒有太多變化，好比「想讓孩子擁有一個陪伴自己的嗜好」、「培養孩子耐心」……等等；不少家長會鼓勵孩子選擇個樂器學學，孩子一開始嘗鮮不反對，但中後期想放棄時，難免一番天人交戰：

是孩子遇挫折想逃避？

前面學的不就白費力氣？

一定是難度增加、需要付出的時間更多而不想繼續？

說不定只是惰性太強，逼一下就過去了？

老實說，以上每種因素都有可能，但父母若能先撇開不甘心、好可惜的情緒，同時也問問下列問題，說不定答案會更清楚：

孩子當初無法判斷所以才答應嘗試，但真的缺乏熱情難以支撐下去？

孩子嘗試之後發現自己並不喜歡或不擅長，因此也沒有動力克服困難？

當初引導孩子學習的理由有沒有把自己也騙了過去，但其實包藏著其他小小的期待？

還是孩子發現更感興趣的事情呢？

父母抉擇，無意間形塑了孩子

多年後和媽媽聊天，她依舊自豪地說：「那個年代能學琴的不多，妳還記得妳有次去百貨公司裡彈鋼琴嗎？好多人圍在妳旁邊，多羨慕妳啊。哪有人得了便宜還賣乖，到現在還一直抱怨學鋼琴的。」

我沒有接話。從學鋼琴這件事裡，我深刻感受到母親的付出與愛，但我想問的是：要是那時候做了別的選擇呢？要是那時候花時間在我喜歡的事情上呢？

沒有人知道後來結果會如何發展，這麼問對我的母親當然不甚公平；這樣的疑問不是質問、不是挑戰，而是當自己身為母親的此時此刻，對比過去經驗時，能有機會反省這中間的決策過程，我有沒有機會做得更好，讓孩子跟我同樣享受最後的決定？

孩子成年之前的人生，有很大一部分依賴父母代替做選擇，即使隨著年紀長大對生活細節可以發表意見，但不可否認，沒有經濟能力、交通能力甚至是完整的判斷能力的孩子們，父母的影響和安排仍是形塑孩子童年生活的主要關鍵。因此，**身為父母，替孩子安排活動、做任何選擇都必須更謹慎小心，問問自己為什麼要孩子花時間在這項活動上？孩子的反應是什麼？我說得出什麼意義、想要傳達什麼訊息嗎？**

即使說得出學習目的或某種意義，那麼，對孩子而言有更好、更適合的選擇嗎？

這裡的「更好」指的是**以孩子為中心的思考方向，傾聽孩子的說法，但並非「完全聽孩子的意見」**；孩子們沒有太多生活經驗可以提供比較基礎，嘴裡說的好或不好、要或不要，很可能只是當下情緒的反應，需要進一步討論釐清。也因此，如何尋找更好的選擇，關鍵因素在於父母是否夠了解孩子的特質和反應。

或許是小時候的經驗，我對「時間」的本質特別敏感：「時間不等人地流逝，而且具有排他性。」舉例來說，週六下午去喝下午茶，那就不可能同時間去剪頭髮；就算上班時同時開五個視窗工作，也是被綁在電腦前面，不可能去爬山踏青。因此當孩子必須花時間投入某個選擇的時候，別忘了背後放棄的可能是打球、下棋、看漫畫、做陶藝、種花草……等等其他各式各樣的可能。寬闊的領域尚未探索，我們對孩子的反應也全憑想像，又如何知道孩子最適合哪樣嗜好呢？

讓孩子更廣泛地探索未知

說起來嚴肅的道理，執行起來卻非常容易。其實童年時期甚至是求學階段，未必是需要立刻做選擇的時機；孩子的生命一直往前邁進，他們會在未來遇見未知的新事物，那是生命的欣喜、也是上天給孩子嘗試人生的權利，任誰都沒有資格剝奪。一個適合孩子的選擇很容易辨認，我們會看見像是推骨牌似的，在過程中嘩啦啦地勾起更多面向的好奇心。

關於「專精」還是「廣泛」的大哉問，將會一直延伸到大學，甚至往後的人生。我們可以舉出日本、德國的達人專家證明專精的優勢，也能舉出美國、法國博學通廣的整合能力，事實上我們都需要這樣的人，而這樣的角色也各自有不同特質的人擔任。

當然，若孩子擁有明顯興趣或特殊天賦的，則不受限於此，否則不如先讓孩子寬闊地東碰碰、西瞧瞧，也許現階段尚未領悟興趣，但不斷讓孩子累積各種經驗值，藉此摸索出自己最想做的事情，培養內在學習的動機，「路遙知馬力」說的不也是這個意思嗎？

家·長·的·日·常·反·思

·我們真的能確定什麼是自己的興趣嗎？

・會不會因為某些事情做得比較好、比較容易有成就感，而覺得自己比較喜歡呢？還是不顧一切、不論成敗就是想做的事情，才叫興趣呢？

別輕易定義孩子

下課時間，常常是孩子們去上學的最大動力，和好朋友膩在一起是最重要的前提，妹妹當然也不例外。這十分鐘裡有許多精彩活動同時發生，好朋友想玩什麼、擅長玩哪些遊戲，自然也就帶動妹妹的興趣。

當然啦，對於一個敏感謹慎的孩子來說，「帶動興趣」只是踏出很小很小的一步而已，離「親身嘗試」到「享受活動」還有很長一段距離，於是有陣子，妹妹的下課時間給她帶來一些「困擾」：

「媽媽，她們都在玩吊單槓，我覺得我一定會拉不住掉下來。」

「今天她們有人爬樹，一直叫我上去，我真的不敢。」

我可以想像那個畫面：不論上頭的孩子如何呼喚鼓勵，下方的孩子仍沒有拋棄任何一絲恐懼，斷然拒絕任何嘗試的邀請，甚至離開樹旁自顧自地玩起沙來。

我聽著默不作聲，我猜她也沒要我做什麼事，就讓這些小小的「困擾」在她心中自行發酵。

我們對孩子的認識永遠不夠多

週末時候，妹妹想邀請好朋友一起去兒童樂園玩，我就擔任一天保母讓幾個小女生玩個過癮，到了雲霄飛車那關，妹妹竟然準備拉著好朋友坐第一排：

「ㄟ，我們去坐第一排超過癮的喔，睜開眼睛把手放開更好玩。」

我沒聽錯吧！這是我的小孩嗎？不料這位大膽爬樹又愛吊單槓的同學竟然一口回絕，馬上躲到我背後，直嚷著不敢坐雲霄飛車。回家之後妹妹意猶未盡，向家人興奮地描述雲霄飛車的刺激：

「爸爸，我的心臟快要從嘴巴裡跳出來了，雲霄飛車真的太好玩了，下次我們一起去喔。」

「媽媽，可是我以為她很大膽耶，什麼都第一個去摸去爬，原來她也有不敢的事情。」

妹妹的分享讓我回想起其他場合接觸的孩子們，似乎每個人都有不同的「祕密地雷」。**有時我們真覺得矛盾極了，孩子們不斷推翻我們的「以為」和「了解」，一次次地重新建構我們的認知。**

我們對孩子的「了解」來自日常生活的經驗累積，透過相處、對話、各種活動和選擇結果，逐漸形成對孩子的印象，這是自然而然的過程，一切其來有自，孩子的個性和天賦當然也展現其中，建構起我們對孩子的認識。也因此，**我們選擇什麼項目去堆疊這些印象，就是建構是否完整的關鍵。**

別讓理解成為限制

最近妹妹夜裡又常醒來，懷裡揣條小被被，跑進我房間，像隻貓咪一樣窩在我腳邊睡下半夜；不喜歡說話的她為了學校指派任務哭喪著臉，嚷著以後絕對不要參加「要上台」的任何活動；然而她卻主動要求報名離家十四天單獨外宿、生活自理的營隊活動。

小二年紀、從未單獨外宿、不敢挑戰新事物的她，這下子把所有人給嚇壞了。家中長輩擔心手腳不快的她容易脫隊不安全，其實我也擔心營隊的各項野外體能活動挑戰性過高，一向不是「野孩子」的氣質女生又該如何立刻適應？

我小心翼翼地提供更多資訊，好讓她知道更多細節，也有其他人不客氣地當面質疑：「妳都還不會自己洗頭，晚上睡覺想找媽媽，確定真的要去嗎？明年再說吧！要是參加一半就想回家怎麼辦？」

面對這些迎面而來的挑戰或是暗藏擔心的提問，妹妹既不回答、也不多說什麼，只有聽到「妳確定還要去嗎？」的問題時會再次點點頭，肯定地說要。

我一直在想像，那股藏在心裡的強大動力到底是什麼？為什麼以前從未出現呢？我真的了解我的孩子嗎？或者她現在就是在提醒我，必須重新好好挖掘一次呢？

因為疑惑，這陣子我特別觀察其他孩子，後來發現幾乎每個孩子都是如此。

每個人都在「改變」的路上，孩子也是

若我們的生活經驗不夠多元，就容易落入「片段」拼圖的模式，孩子也因為遭遇同類事件而反應雷同，這樣的交互循環不易被日常生活的規律打破，自然也就看不見孩子其他面向。這又回頭牽涉到父母平日對孩子活動的安排與選擇，若我們不自覺地偏向自己喜好或是孩子特長，那麼便難免落入「果然如我所料」的結論了。

這好比一顆鑽石，不同角度下會折射出不同顏色，「立體」型態能讓特質組合成不同面貌，呈現於世。

人也是一樣；停止成長的人就會是扁平的樣子，你只能正看反看，沒有上下

側邊，也沒有三度空間所創造出來的變與不變，我們很容易就猜透這個人的喜好習慣，進而推測他對事物的反應。但若人保持不斷動態質變，縱使天生的氣質和天賦不會改變，立體的型態卻能將環境的刺激轉化成各式各樣的回應形式。

特別是內向的孩子尤其如此，他們意識到自己的能力變化需要更多時間，需要更多資訊確認自己有把握才願意嘗試，但那都不代表他們比較不勇敢、比較無法承擔責任。

停留在某些片面印象對孩子並不公平（即使是屬於「好」的、「正面」的評價），我們應該主動提供多元的事件機會，協助挖掘孩子各種未知的立體面向。對於未知的擔憂不如化為實際的行動，用具體的事項幫助孩子延展試探的觸角，讓孩子完成更多小小的成功來支持自己，像是脫殼般地結束每一個成長醞釀的階段性，慢慢地再多拓出一個角邊，從三角到四角、五角……最終用多邊串聯搭建起自己鑽石般的人生舞台。

家·長·的·日·常·反·思

· 我們也曾覺得別人不夠了解自己嗎？

· 我們挖掘過或展現過自己的其他面向嗎？

· 孩子心中的我們是不是也和自己認定的有落差呢？

世上沒有一個是理想的孩子

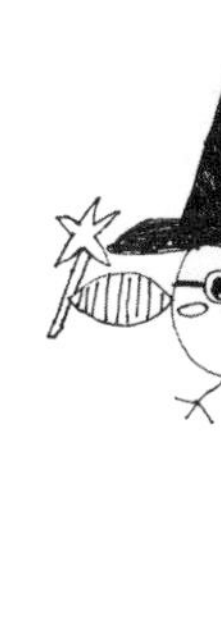

一切都因為是「自己的」孩子

讀書會上，一位媽媽面帶憂愁地舉手發言：「我的孩子好喜歡說話，就算只是單純問他這個你喜不喜歡，他都可以從頭到尾講十分鐘，甚至編成一個故事，聽到最後才知道他的答案是什麼。我真的沒辦法隨時這樣應付他，別人哪有那麼多時間聽他說話，這樣該怎麼辦呢？」

我聽完她的陳述並沒有立刻做回答，先開口問問其他人：「大家覺得呢？」這一問引發其他家長此起彼落的回應：「我多希望我孩子這樣啊，每天問她事情都問不出來。」「這樣有什麼不好？編劇或者寫小說的超需要這樣的功力吧！」

大夥兒七嘴八舌的時候，我立刻回想起上禮拜也有位爸爸同樣擔心：「我的女兒實在太為別人想了，什麼都想照顧別人，想著別人喜歡吃什麼、喜歡做什麼活動，然後替對方安排或是迎合對方，雖然我很高興她有這樣溫柔體貼的心，但是很怕她在外面吃虧，得不到別人同樣的對待，甚至以後談戀愛……我實在是不敢想了。」

「這世界上沒有一個理想的孩子，只因為那是自己的孩子啊。」我最後悠悠地吐出這句話。

哪一個父母不曾經歷過這樣反覆的思維呢？同樣的一種特質，在別的孩子身上發揮，我們會懂得欣賞，甚至覺得羨慕無比，一旦換成自己孩子，卻可以立刻想出一串擔心清單。即使當下覺察自己的偏頗思維，敲敲腦袋想恢復理性思考，但杞人憂天的引信仍一閃一滅地提醒著我們。

孩子的特質，無法以好壞二分

舉個簡單不過的例子，想想《湯姆歷險記》裡的湯姆，我們讀著書、看著卡通，覺得湯姆有意思極了，真是個創意無限、膽識過人又身手靈活的聰明孩子！但要是湯姆是自個兒家的孩子，大概就沒幾個父母笑得出來。

我們巴不得自己孩子擁有「全部」好的特質：看到別的孩子善良體貼，就希望自己孩子也有同理心；看到別的孩子勇敢嘗試，回頭也期待自己孩子能冒險犯難；看到別的孩子有厲害的一技之長，不免也要自己的孩子別只愛念書而已。

不妨做個練習試試看，說出每項特質的負面效應：比如善良體貼可能被人欺負、受騙上當；勇敢嘗試可能壯烈犧牲或一身是傷；至於有一技之長的，我們就會操心這專長以後能當飯吃嗎？（反著想的練習是不是既熟悉又簡單？）

除了「父母心」干擾我們的理性思考之外，我們本身的個性和特質也會影響看法，想想若是個愛講話的孩子偏偏碰上怕囉嗦沒耐心的媽媽、喜愛戶外運動的野孩子卻有個愛去咖啡店的「City Mum」，精明能幹的父母剛好有個老實「憨直」的兒子……

父母的成就，不一定能在孩子身上驗證

雖然沒有統計數字，只有平日累積的觀察，但我發現，越是肯定自己現在成就的父母，越難改變對「特質」的評價和印象；這些結論來自於自身的各種人生經驗，因此什麼是比較好的、什麼是比較壞的特質在潛意識裡已有判斷，即使嘴上說得好聽，但現實生活裡仍忍不住有所期待，甚至想插手改變。

就像是妹妹每次不論大小考，考卷背面就是她的畫紙，幾乎每張總有大小篇幅不等的塗鴉，幾次拍照跟好友親戚分享，總會贏得很多讚許留言，也許你也會覺得可愛有創意極了，但要是換成自己孩子，考卷寫得粗心大意不說，翻到背面看，塗鴉還上色寫對白，你仍然能這麼輕鬆看待嗎？

教養不能光說不練，還得經過「當下事件反應」的考驗。走過以上的心路歷程，如今我也能笑笑地先把每張「考卷畫」掃描下來存檔，等妹妹介紹完最新畫作後，再把畫紙翻面看看考卷，稱讚妹妹寫考卷的速度和精準度，畢竟，需要高度熟練和專心才能一次完成兩件事，對吧？

讓理性平衡擔心

下一次若自我覺察到心中魔鬼又要興風作浪、引發情緒大戰的時候，也許可以「易位思考」一下：**如果這是別人的孩子發生的情況，我會怎麼解讀？我還會這麼生氣難過、緊張擔心嗎？**

我猜，絕對能立刻降溫一半以上，剩下的事情就能夠冷靜地使用左腦的理智，好好和孩子一起找出困難點和衝突點，而不是自己也當起算命預言師，覺得事情嚴重到足以影響人生一輩子了。

家·長·的·日·常·反·思

·我們是否總能輕易發現別人的優點呢？

世上沒有理想的父母

・我們是否總覺得自己的優點是「應該要具備」的呢？

・別人稱讚自己孩子的時候，我們的反應又是什麼呢？

保留孩子詮釋世界的權利，就是對世界最大的溫柔

「我不要將悲觀傳染給小孩。我讓自己的悲觀在作品裡保持距離。我不認為大人應該將自己對世界的看法強加在孩子身上，小孩有充分能力可以形成他們的看法。」——宮崎駿

回憶自己的整個童年，印象最深刻的只有兩件事情：珠心算和跳舞比賽。這

一動一靜、本質相反的活動，幾乎占據我的童年時光。為了謀生增加家庭收入，媽媽自立開設珠心算班，儘管我非常痛恨任何要「坐下來」的活動，但在必須成為「活招牌」的現實壓力下，我們家三姊弟都很早就已經七段八段了。

誰有特權？小孩比你想的更敏感

到大班五、六歲的時候，在老師鼓勵下，我報名參加中視六燈獎節目的兒童唱遊比賽，這一路過關斬將，練習和比賽錄影的時間也長達好幾個月。在最後一戰六度五關的那場比賽裡，挑戰我的那位對手連續ＮＧ重錄好幾次，最後卻仍然獲勝，這個結果讓現場的人感到錯愕，就連參加錄影的觀眾們也發出抗議。

對我而言，我最喜歡的是站在台上跳舞唱歌的感覺，對比賽的得失倒沒那麼重，但是重跳好幾次的人獲勝，我的不解多過於難過。現場氣氛蠢蠢欲動，爸爸把我抱起來準備離開，這時工作人員忍不住跑過來低聲安慰我的父母：「這個挑戰者的舞蹈老師就是評審，其實一開始他們就安排好結果了。」

也許他們以為我聽不懂，但這段話、當時的燈光、溫度、我伏在爸爸肩頭上看出去的視野和大家低聲惋惜的聲音，至今像電影一般生動地記在我腦海裡。

上了小學，意外進入「老師小孩班」，班上「特殊分子」這麼多，師資絕對都是一時之選，享受這種黃金組合似乎運氣不錯，然而當分配資源時，就能實際感受到巧妙的安排。還記得有一年國語文競賽，每班每項派一名選手參加校內選拔，一向口才不錯的我希望能參加演講比賽，不過最後名單公布時是另一名老師的小孩。

那位同學的口才也很好，但我不認為自己會輸給她，於是下課後立刻跑去找老師，向老師表達參加演講比賽的意願，順便提議不如我跟她在班上先比一次，贏的人當選班上代表。老師當下愣了一下，很有智慧地說讓她想想怎麼做比較好，我開心地謝謝老師並相信老師知道我的實力，雖然她是老師的小孩，但是那又怎麼樣呢？

我們並沒有在班上舉行預賽，而是破天荒地在這個項目上派出兩位選手。一直到國中時我才從其他老師口中輾轉得知，當時的導師為了我，特地在學校會議中爭取破格提名，而那一年我也爭氣地一路打到當時的省賽，但從此之後，我也因為破格參賽而成了學校裡的「特權分子」。

這樣的事情不勝枚舉，生活其中所感受的各種比較壓力、暗地的資源角力，是我童年記憶裡每天都不斷發生的事。自己的爸媽個性溫和敦厚，反而常常要我不要爭、不要計較，當個性直接又不服輸的我吃了暗虧的時候，也就漸漸養成不回家訴苦的習慣。就這樣，我這個「特權分子」竟然和這群老師小孩們一路周旋到國中畢業，不知道是不是因為這樣，這些點點滴滴反而成了自己的「負面動力」，在學校小有名氣後，狗屁倒灶的事也就沒那麼多了。

除了大喊不公平，還可以這樣理解世界

如果說誰曾切身感受到階級特權或不公平，那麼，我想我應該很有資格說些什麼才是；然而我之所以沒有變成一個憤世嫉俗、滿嘴抗議的人，也是因為在每次過程中，我感受到其他人暗地的幫忙協助，甚至是當權者也盡力想圓滿的努力，**也許他們沒有立刻打破體制結構的勇氣，但是每個人都在自己的崗位上，往**

更好的方向移動一點點。

長大後想的更多了：

是因為自己運氣太好八字太重，命中都有貴人相助嗎？還是有別的原因讓別人願意出手成全呢？

當我因此有不同待遇之後，是不是在別人眼中其實也是特權分子呢？我真的和他們有那麼「不一樣」嗎？

若我的孩子遇到類似的事，我該如何跟她解釋這個世界呢？

不被既定想法困住

意識到自己被特權或莫名的理由限制住很不好受，當年年輕氣盛又衝動的我，簡直就是活生生的一隻大刺蝟，我猜想自己這麼「幸運」的原因，應該是「不以當下結果」做最後結論，先撇開自己有沒有達到目的，以更寬廣的方式進行談判，不先指責對方是「壞人」，這樣反而能達到自己預期的結果。

執著在「自己認為應得的結果」，就很容易覺得全世界都對不起自己。但很多事情不是誰是壞人，而是系統性的問題，就算當下狠狠地把這個系統敲破一角，對某些人也許公平了點，但從其他角度看，就未必如此了。

當時還是孩子的我，怎麼可能會有這種人生智慧，充其量就是策略性思考而已，但真正滲入我腦袋裡的，恐怕還是對人性抱持樂觀的正面力量。

教孩子看見事情的不同面向

這並不意味著我認為社會有多公平正義，我也曾走上街頭，為了我所認同的理念訴求遊行，甚至有更激進的行動；**只是我認為我「沒有資格」直接告訴孩子這個世界、這個社會應該怎麼解讀，極力避免任何「視角遺傳」和「立場世襲」；不以父母的角度篩選資訊和活動，讓孩子過早對很多事情產生結論。**

舉核電的例子來說，若父母保持反核立場，勢必可以提供很多數據資訊、報導故事來支持自己的言論，但是我們有沒有也提供擁核人士的說法和證據呢？孩子有沒有機會接觸對等的資訊呢？他們有沒有機會形成自己的看法和立場，而未必與父母相同呢？我們能接受孩子的立場和自己不同嗎？

就像是宮崎駿動畫裡的世界一向都不完美，即使裡頭藏著的細節如此寫實灰暗，我們最終領略到的仍是希望、愛和改變現況的浪漫與熱情；即使一遍又一遍反覆觀看，隨著年紀和心態不同，從中領悟的訊息也隨之轉變。

《因為寶寶笑了》是一位日本母親在三一一地震後為了孩子而創作出來的繪本，其中有一段是這樣的：「無論什麼時候，寶寶的世界都才剛開始而已……不要說，這個才剛開始的世界很糟糕！我們想活著、我們想愛、我們想觸摸、我們想感覺……」或許這也與宮崎駿抱持的信念相似，讓孩子們隨著自身際遇切實感受著。

人的價值觀會隨著碰到的人、事、物不斷地進行修正和微調，此時此刻我們深信的，未必就是最真實正確的。**雖然孩子們代表未來的希望，但對未來保有希望的方法，不是在孩子身上複製自以為是的正義，而是讓他們懷有一顆溫柔感人的心，用自己的方法詮釋人生、用自己的雙手改造世界。**

家．長．的．日．常．反．思

- 我們曾有過急著想跟孩子說明是非黑白的經驗嗎？
- 孩子的反應和我們預料的一樣嗎？
- 若孩子有不同判斷，我們又該如何繼續與孩子對話呢？

因為是你，孩子才放心脆弱

類似的尷尬場面已經不止一次了。

妹妹和好姊妹們一起相約出去玩，孩子們在田野間自由奔跑，我們家長就落在後頭邊走邊聊；突然瞥見前方的女孩子們似乎有點爭執，她們瞬間安靜下來，說沒幾句話後便前前後後的呈縱隊前進，氣氛很不尋常。

一時之間我們大人沒多想，看來沒什麼大礙也就繼續前進，到了目的地，準備野餐休息，等到一切都安頓下來之後，沒想到妹妹突然撲到我身上放聲大哭。

「啊啊，發生什麼事啦？」這突如其來的舉動把所有人嚇了一跳。妹妹抽抽搭搭地描述剛剛發生的爭執過程，顯然剛剛的平靜並非結束，而是大家賭氣不想講話。

說不定大家也有類似經驗：當你不在孩子身邊的時候，他可是不惹事的乖寶寶，甚至是別人眼中的模範生，碰到什麼麻煩也不哭鬧爭吵，情緒安定冷靜；但要是你一出現在他眼前，突然間他就像拔開香檳瓶塞一樣，哭得驚天動地，彷彿受了多大委屈似的，或者開始跟你說三道四，滔滔不絕地表示許多意見。

我家妹妹就是如此，因此我戲稱自己叫做「開關媽媽」——孩子看到媽媽就觸碰到某種情緒開關，頓時一發不可收拾。

「開關媽媽」並不好當，除了和平常一樣需要承接孩子突如其來的情緒風暴，想辦法在短時間內弄清楚來龍去脈，還得同時注意身旁環境和其他人的反應，綜合評估該留在原地解決事情、還是換個地方說話？該找事主討論商量、還是引導孩子就好？當然，更多時候，我們現場最急需處理的，是強迫自己忽略他人種種關愛、緊張、驚訝、不解的混雜眼光。

那些眼光有時多了一點懷疑：剛剛這孩子還好好的，怎麼突然就變了樣？是想告狀嗎？事情有這麼嚴重嗎？有事剛剛怎麼不說？這種不太舒服的感覺也挫折其他跟孩子相處的大人，孩子的反應讓當場的大人覺得自己被隱瞞，甚至也會不大高興，覺得這孩子有話不說，很難相處……

開關父母不只要處理孩子，有時候還得同時安撫其他感到不舒服的大人。

父母是唯一放心發洩情緒的人

有些孩子的天生氣質是謹慎小心、不喜衝突也不善處理，人生經驗還不夠的時候，遇到事情的第一個念頭是先忍耐再觀察；另一種情況是孩子與現場的大人信任度或熟識度不夠，沒有把握對方的反應是否如預期，因此孩子當下不輕舉妄動，旁人自然不易察覺孩子的心情變化。

孩子不見得應付不來，在這過程裡他們自然也吸收經驗，形成自己的判斷，但是理智歸理智，強忍住情感脆弱的一面，只會在最放心的人面前釋放。這也代表著孩子與父母的親子關係品質良好，他們只是想放鬆痛快哭一場，無關軟弱，只是表達傷心、沮喪、難過的心，此時「抱緊處理」就好。

我們不逼孩子關緊這扇窗，繼續維持這個出口，才有了解孩子、解開心結的線索。

引導孩子回顧自己的擔憂或恐懼

等哭過一段之後，孩子或許開始抽抽搭搭地傾訴自己的遭遇和想法，有的時候需要大人的認可，有的時候也想聽聽大人的意見。

面對這樣的孩子，不見得需要給具體的意見，而是引導他們進一步回顧自己當時害怕什麼、擔心什麼、考慮哪些事情、為什麼會做出這樣的選擇……這些才是真正影響孩子如何面對事情的因素，若能藉這些機會抽絲剝繭，他們就能擁有更多機會了解自己的特質和個性，**每種個性絕對有好有壞，開關父母最怕的，就是對孩子只有負面的投射想像**。

最後也是最重要的，便是陪著孩子再一次向「當事人」表達感受、尋求共識，讓其他人知道孩子遇到的困難，而不是他們可能以為的誇張告狀。

勇敢不是什麼都不怕，而是知道自己怕什麼

以色列作家艾加．凱磊在《再讓我說個故事好不好》其中一個短篇故事這麼寫著：「……突然想起社會課老師說，第一個使用棍子的人類並不是部落裡最強壯的，也不是最聰明的。只是別人不需要棍子，他需要。他比別人更需要棍子來彌補自己的弱，比別人更需要靠棍子求生……」

我們會不會一直誤會，以為拿棍子的人是最勇敢的呢？拿棍子的人是最了解自己的人，最了解自己的人才能找出屬於自己的定位、屬於自己的生存方式。

孩子願意開燈找我們，「開關父母」有絕佳的機會讓孩子更認識自己，別因為要訓練孩子勇敢而推開他們；同時也別忘了讓孩子自己選擇關燈時間，因為那樣事情才是真正過去了。

家·長·的·日·常·反·思

· 我們能不能做孩子情緒的「練習沙包」呢？

· 當孩子向我們宣洩情緒時，我們又該如何消化解讀，而不被影響判斷呢？

第二章

每個決定都關乎如何選擇

每個父母都是孩子的「選擇設計師」

很多人對於妹妹的生活日常感到很好奇，心想一個出書寫作還談教養的全職媽媽應該對課外活動很有主張，不知道安排些什麼特別活動，然而每次當我分享妹妹有上英文班的時候，竟然都意外地接收到不解的眼光。

「啊，妳也會讓孩子補英文喔？」

「啊，妳不是說英文沒那麼重要嗎？」

是啊，至今我和老公仍然非常不贊成補習文化，更不覺得外語能力是小學時候必備的重要項目，那麼為什麼我們會有這個決定呢？

這個故事起源於一本書，讓我放下自己的堅持，稍稍思考關於「做選擇」不同的面向。

簡單的選擇，背後有深沉的思考

在《推力》這本書中提及美國一項有趣的實驗：學校的營養午餐菜色不變，但改變食物的擺放順序與展示方式，看看是否會影響孩子們的選擇。於是設計師找來十幾家學校的自助餐廳，請他們按照特定的順序擺放食物：有些是甜點擺前面，有些擺最後；有些和眼睛高度差不多的地方擺薯條，另一個地方在同樣位置擺胡蘿蔔。結果發現：只不過是調整食物的排列組合，就會影響孩子們挑選食物的意願，而學校也利用這樣的發現，成功引導孩子們多食用健康食物。

微小的改變就能影響人們的選擇，這就是「選擇設計」的概念。

日常生活裡運用這個概念的機會可多了：自助餐廳老闆會將最健康的、獲利最高的，或是昨晚賣剩的菜怎麼擺放？超市或便利商店的上架陳列考量又是什麼？利潤最高的還是添加物最少的？事實上，選擇設計應用的層面遠比想像中的強大：如何提高器官捐贈率？如何鼓勵大家選擇勞退新制？稍稍改變一下選擇內容，就能毫無意識地影響人們的決定——而且是我們自己「明智的選擇」。

不知道當大家驚覺原來這一切暗藏玄機時，感受如何？有點被騙被操弄的感覺？還是覺得鬆了一口氣，要搞懂所有的選項真不簡單，有專業建議也不錯？畢竟選基金、買保險、買房子……我們不也都依賴專業人士給出的意見？

這個概念相信父母們並不陌生，說不定早就是實踐者：為了讓孩子「心甘情願」參加某種活動或規範，或是對哪門學科發生興趣，各家父母和老師無不挖空心思想盡辦法「引導」孩子。

聽起來有點矛盾。我們知道要尊重孩子的興趣發展和特質，勉強孩子學習根本毫無效果，但另一方面我們也不禁懷疑，孩子尚在摸索學習階段，尤其是中低年級以前，若沒有廣泛接觸各類知識的經驗，真能分辨喜歡與不喜歡嗎？會不會有其他因素影響孩子的判斷，而非單純天生的興趣使然？

現實生活裡，我果真碰到這樣的難題。

細究孩子的選擇

妹妹自小語言發展很快，在幼兒園裡最喜歡上的就是認字、台語課，還常常拿著筆要我寫字讓她學著畫，然而有趣的是她大班之後「堅持」自己不喜歡英文，上了小學情況變得更明顯，雖然學校成績沒有問題，但不論是多有趣的繪本、歌曲、遊戲，只要跟英文一有相關，她就立刻自動進入「關機模式」。

排斥力道大得讓我覺得奇怪。妹妹念的是一般幼兒園和小學，未曾特別加強英文，也沒上過其他的課，怎麼單單就特別討厭英文？平常生活裡會拉著我們問：這句台語怎麼講？看日本卡通會好奇想聽日文發音……一個喜歡語言的孩子，難道真的會只討厭某種語言？

爸爸對這件事抱持不同看法；他認為討厭英文也沒關係，語言只是工具，重要的是腦袋裡有沒有創意。如果我不會擔心她討厭直排輪、下圍棋，那為什麼要特別擔心孩子討厭英文呢？爸爸一再提醒我，**是否我不小心也落入「以為英文好就有競爭力」的迷思裡，才會對孩子討厭英文這麼敏感？**

這番討論讓我有機會更誠實地面對自己：到底是放不下孩子的英文能力、害怕孩子輸給別人？還是真的覺得單單討厭英文不太對勁？

適逢一年級學期結束，學校發回的英文成績是「優」，我試探妹妹：

「妳這麼討厭英文，還能考這麼好啊？很不簡單喔。」

「討厭歸討厭，學校還是有英文課，我還是會念啊。」妹妹回答。

「妳有沒有想過為什麼討厭英文，但很喜歡台語啊？」

「我也不知道，反正就是這樣。」妹妹一點都不想繼續對話。

幾項事實漸漸拼湊出我的猜想。妹妹的考試成績排除了學習的挫折感、平常生活反應顯現出對語言的濃厚興趣，那麼，最有可能的原因就是過去老師的教學方法讓她感到無聊，也許記憶背誦讓她做出「英文很無聊，我討厭英文」的結論，而她其實沒嘗試過學校之外的任何英文課。

猜想歸猜想，去上上其他的課，就知道是不是這樣。於是我安排家裡附近三家英文補習班的「試聽課程」，與妹妹約法三章，如果這三家聽完還是討厭英文，那媽媽絕對不會強迫報名。這個「行動實驗」一公布，不僅妹妹哀號，爸爸也不以為然，但我以過去建立的良好信用擔保，請大家給彼此機會試試看。

聽完第一家，妹妹很受吸引，卻擔心和其他人程度差距太大而作罷。第二家聽完，妹妹喜歡極了，拉著我到櫃檯想立刻報名；我踩了剎車，希望三家聽完一起討論之後再做決定。第三家聽到一半，她藉口上廁所跑出來找我：「媽，妳有帶錢嗎？我覺得這家是我最喜歡的，我怕報不上，妳快去登記喔。」

雖然爸爸仍持保留態度，但答應先依妹妹的意願報名第三家，看看這股熱潮是否會隨時間消退。才不過第二堂課，爸爸便跟我分享父女洗澡時光的對話，妹妹不僅開始滿口亂說英文，還很自豪地說：「我覺得我英文很好耶。」自此之後，家裡布滿灰塵的英文繪本開始有了動靜，她正式宣布不再討厭英文。

審視自己為孩子做的決定，多問幾次「為什麼」

對我而言，這是個很重要的教養啟示。做父母的，其實無時無刻不在「影響」孩子，我們的喜好、生活方式、做的選擇、對事情的意見，都能展現我們的價值觀，這些「無聲的訊息」對孩子影響之大，遠超乎任何口頭上的表達。而不論我們自認多麼尊重孩子、與孩子溝通，我們都無法否認對孩子潛移默化的影響依然存在，只是程度差別而已。

以這個例子來說，我們「不贊成補習文化，也不認為英文好就代表一切」的想法，會讓我們輕易接受孩子討厭英文的事實，但卻沒有意識到自己同時忽略了孩子討厭英文的原因（而這可能只是因為剛好符合我們潛意識裡的價值判斷），對我而言，直到現在，要說出我的孩子在「補英文」這件事，都讓我覺得不太自在，甚至覺得有點難為情。

但是當我放下自己對補習的評價，願意去嘗試的時候，輕輕推一把的效果卻讓我們兩個感到驚訝。我們並未改變對孩子開放教育的堅持，但卻很小心地不要因自認「先進」的教育理念輕忽了孩子學習上的矛盾。（矛盾是指對語言喜愛卻僅排斥英文的現象。）

這絕對不是倡議補習或學英文，因為「推力」（Nudge）和「逼迫」（Push）存在著極大差異。推力就像是你自願站在跳水板上，只差克服心中障礙跨出最後一步，最後教練終於輕輕推你一把完成挑戰的意思，而逼迫則是從頭到尾你都不想做這件事，卻還是得符合別人眼中期待。

兩者間的認定沒有客觀標準，說穿了就得看做父母的對自己能不能自省、對

孩子能不能誠實，否則找個藉口把逼迫當作推力，是最常見的自欺伎倆。

人類與其他多數動物不同，動物的幼兒通常必須在短時間內離家自立，而嬰兒則必須依賴父母十幾年後才有能力獨立生活，尤其在嬰幼兒時期，幾乎是父母代為決定生活上的一切。我們替孩子選擇食物、選擇生活環境、選擇幼稚園、選擇玩具繪本……然而千萬別忘記，當孩子的自我意識逐漸發展成熟之際，我們必須停下來，仔細地觀察、中立地解讀，而後提供相關的資源，讓孩子做選擇。

家・長・的・日・常・反・思

・我們喜歡「做選擇」的感覺嗎？

・我們能意識到每個選擇背後的風險與機會成本嗎？

・誰能替孩子評估該承受哪種風險呢？交給別人做選擇，是否就能意味著自己沒有責任了呢？

讓孩子決定交什麼朋友

「媽，他剛打我一下，我又沒打他！」

「媽，我不想玩鬼抓人遊戲了，可是他都不聽還一直追我。」

「媽，他剛故意跑來拉我衣服害我嚇一跳，我跟他說不要這樣他都不理。」

……

上小學後的妹妹，三不五時就會跟我抱怨「男生們」的種種惡行，更別提暑假期間媽媽們的聚會一多，平時不常碰頭的孩子們聚在一起，難免默契不足、擦槍走火——尤其是小男生小女生那種像是遊戲又像是試探的互動。

原本捲起袖子、準備大展身手積極介入協調的我，突然覺得妹妹的眼神不太一樣，以前滿腹委屈的含淚瓊瑤表情不再，取代的是有點無可奈何但又不太甘心的眼神。

我突然意識到，妹妹已經長大了。她不再是「學齡前」的幼兒，對於語言的掌握度和行為意識已具有認知基礎，該表達的她會表達、想說的也會自己說，那麼，大人面對孩子們之間的爭吵處理方式，是否也應隨著孩子長大，而有些不同？

這次來換個方式看看。

教孩子協調人際，讓孩子學習取捨

「喔，他打妳哪裡，有受傷嗎？還痛嗎？」我猜想這或許也是種撒嬌，那就先同理一下她需要被安慰的心情。

「不痛啦，沒怎樣，可是我怎麼跟他說都不聽，就會一直鬧我。」妹妹嘴巴抱怨，眼睛可是沒離開過對方。

「所以妳分得清楚這是打妳還是玩鬧，對嗎？也許這是他邀請妳玩的意思？還是這是他想玩的方式？」從小跟男生打架長大的我，心裡猜想八九不離十。

「但是我不喜歡這種方式啊，我跟他說了他又不理我。」妹妹終於把眼神看向我，這才是困擾的地方。

「妳一定會碰到有人不想照著妳的方法，又不是好好說別人就一定要聽妳的。那我問妳，妳覺得跑來跟媽媽說，媽媽可以怎麼幫妳？我去跟他說，他就會照著做嗎？」這世界哪有想像中的美好，如果大家都可以好好說，那就天下太平了。

妹妹搖搖頭。

「媽媽也只能安慰妳，保護妳不受到身體的傷害，但其實媽媽無法替妳解決任何問題，最後妳還是必須自己做決定。」

「什麼決定？」妹妹有點訝異。

「妳還想不想跟這個人做朋友？他可能很熱情很衝動，但也很好玩，還是他帶給妳的困擾和不舒服超過有趣好玩的程度，讓妳很緊張害怕？這些媽媽都感覺不到，只有妳自己知道。如果還想跟他做朋友，那就動動腦筋換個策略，有很多方法可以試試，自己也要做些調整。如果妳真的覺得不開心，那就不必硬要當朋友，各玩各的就好。媽媽雖然和阿姨是好朋友，但不認為妳和他一定也要是朋友。」

妹妹當下沒有回答我，但是她立刻跑開我身邊。再過五分鐘，我偷看她和他，偶爾還會傳來互相指責抱怨的聲音，但兩個都沒有翻臉不認人；中午吃飯，兩個對坐一張桌子吃義大利麵，聊得津津有味、眉飛色舞，側拍下來，說不定還會被誤以為是青梅竹馬。

抱怨仍然有、行為磨合中，但那並不影響友誼發展，**最重要的是，決定要交這個朋友的是孩子本身，而不是媽媽們的期待或鼓勵，因此，她的決定會讓她自己調整包容彈性、交友策略，以及對對方的反應期待。**

在這同時，我也準備好其他情境的應對方案：要是妹妹決定不交這個朋友，那麼頂多以後聚會時請她讓我獨自參加，因為媽媽決定要繼續交阿姨這個朋友！

感受自己，理解他人

當然，妹妹也有可能一直做出「不要交這種朋友」的選擇，以逃避困境。那麼，我想我會暫時按兵不動，依照她的選擇，因為同時間她也體驗「放棄」的感覺，她必須要比較，哪一種感覺她更無法忍受？或者暗暗觀察其他孩子的反應後，才能比較出自己的堅持和界線是否需要調整？

孩子間的衝突千百種，人與人之間的「化學變化」一旦不同，容忍度也差異甚遠。我們在學齡前傳遞給孩子的「做人原則」，有時只能謹守行為的道德底線，無法應付頓時複雜的人際關係，把交友決定權交給孩子，他們的決定也會無形中影響自己。

然而，這並不代表我們要完全放手不管，而是「正面引導」孩子看出每個人的特質和個性、多讓孩子練習「理解」他人行為之後，再讓孩子思考自己目前是否「有能力」應付、是否「想要」應付這樣的考驗。如果應付過程中遇到難題，那麼我們又有機會陪著孩子「練功」，讓孩子擁有更多能力。

當孩子長大了，我們就該讓孩子盡量多感受自己，而不是聽我們說那麼多。

家·長·的·日·常·反·思

- 我們喜歡孩子交的朋友嗎？
- 孩子喜歡我們大人的朋友嗎？
- 孩子選擇朋友的考量因素和我們的又有什麼不同呢？

感興趣的，未必就是天賦

近年來，多元天賦理論讓我們對人的各種能力和特質大開眼界，逐漸放棄單一才能的評價，漸漸跳脫智育的追求，開始關心孩子各方面的興趣與表現。但若尚未擺脫任何「得失心」和「虛榮心」，那麼，缺乏自我覺察的父母可能又掉入另一個倉鼠轉輪的陷阱裡，讓自己和孩子更喘不過氣來。

妹妹喜愛畫畫、手作，也熱愛自然與動植物，於是有一陣子我分享許多自己很感興趣的展覽，或者發現什麼好玩的ＤＩＹ也拉著她做，更別提從圖書館裡自以為是地借了些相關的繪本和書籍，興沖沖地打算「順著」興趣發展，希望她能盡早發現自己的天賦。

不料妹妹一股腦兒全數打回票，只要是我開口推薦的，她都否決，瞧也不瞧一眼，甚至到了「為反對而反對」的地步。很快地，我們便攤開直說：

「妳可以告訴我發生什麼事了嗎？原本妳喜歡的活動都不要，只要我說什麼，妳想也不想就全部拒絕，是這樣嗎？還是我誤會妳了？」

「我喜歡畫畫但不想看別人的作品，我喜歡動物自己會找來看，反正妳不要管這麼多就對了。」妹妹承認我的感受沒錯。

「為什麼這是『管』？問題是，我安排別的活動妳也不一定感興趣啊？」我高聲抗議。

「我也不會說那種感覺，反正妳先不用找我有興趣的就好。我不想參加活動會跟妳說就對了。」妹妹仍然堅持她的「奇怪感覺」。

做父母的被澆一頭冷水，頓時清醒許多，雖然難掩心中挫折，但至少先停止彼此不必要的衝突，才有可能再和孩子有更深的連結。深思一夜，決定先把孩子的話聽進去，此路不通就無須勉強，我不再一頭熱地特意觀察或多問些什麼。

父母的「全力支持」，可能是期待與壓力

隔幾天的某個晚上，妹妹熱情邀請我和爸爸玩「實話實說——猜猜別人眼中的自己」桌遊，每個人必須猜出別人可能給你哪些描述，妹妹一次就猜對我給的牌：「沒在聽」、「愛放空」，讓我噗哧大笑，原來她都知道啊！

機不可失，當然要順藤摸瓜打開話匣子：「妳好厲害，原來妳都知道自己在幹嘛耶，那到底妳什麼時候會放空啊？給媽媽一點提示，這樣我省點力氣囉嗦。」

妹妹突然正經起來：「我以後不管做什麼職業，用什麼賺錢，都會一直畫畫就對了。所以我可以當一個會畫畫的老師、會畫畫的服務生、會畫畫的考古學家，還是會畫畫的設計師，我現在也不知道耶……妳不要那麼認真。」

看似文不對題的回答，卻意外地點醒我自己沒有覺察的期待，而孩子敏感地感受到媽媽熱情安排活動背後的壓力，因此就默默選擇「沒在聽」了。我被狠狠敲了一記，差點自己就騙了自己。那些說什麼陶冶性情、順著興趣發展的藉口，分明隱含著不敢承認的期望。

讓孩子的興趣只是興趣

的確，我總認為有機會把興趣和工作結合在一起是多幸福和幸運的事情，也誤以為興趣就意味著才能天賦，把這些概念混淆在一起，等於逼孩子放棄單純的人生興味，誰說喜歡做的事情就是擅長的天賦，甚至可以謀生呢？

想得更深的是，**當我們被孩子的興趣分神之後，也等於無意間放棄引導孩子嘗試其他更多元的活動，這樣的「反淘汰」或許限制孩子自身的探索可能，用父母自己的視野篩選風景，哪說得上是幫忙孩子發展呢？**

想到這裡，我立刻精神一振：「妹妹，我們這週日去溯溪吧！」

「啊？媽媽我有點害怕耶，為什麼選這個？」

「因為我玩過很喜歡所以推薦給妳啊，不用怕，我和教練都在妳旁邊，活動很安全，只要妳願意嘗試就好了。」我這行動派的邊說邊上網找照片給妹妹參考，又恢復原本的熱血本色。

「嗯……，好，妳陪我的話，我就試試看。」一向怕水怕高的她竟然爽快地一口答應。

就是這個原因，讓我準備放下任何想法，管她的興趣是什麼，管她的天賦在哪裡，孩子不斷地在嘗試中領略、在摸索裡改變，我們儘管帶著孩子開疆闢土發現新大陸就好，剩下的，統統交給孩子自己決定吧。

家・長・的・日・常・反・思

- 我們對孩子喜愛活動的「支持」會不會讓人感受到壓力？
- 我們日常生活哪些行為會讓孩子感覺「不支持」他們的興趣？
- 孩子的認知與我們有任何落差嗎？

是協助孩子？還是藉機控制？

「熱心的人，不見得是體貼的人。只是想讓對方依賴自己，真切感受到自己是個重要的存在。」——阿德勒

現代工商社會裡多了一門「隔代教養的衝突管理」選修課，許多雙薪家庭仰賴婆家或娘家的支持系統，孩子在不同環境規範裡生活，世代價值觀相互牴觸時，各種抱怨或衝突便因此而生：

「沒辦法，老一輩的就是捨不得孩子哭，跟老人家說什麼都不對，畢竟人家幫自己這麼多，又接送又煮晚餐，不想惹他們不高興就算了。」

「我媽每次都覺得我家裡打掃不夠乾淨，一定要過來幫我整理打掃，然後邊做邊念邊批評，雖然我聽得很煩，不過下班之後不用做家事就忍一忍吧。」

必須倚賴上一代生活上的支援，這個現實讓許多父母在教養中隱忍妥協，久而久之溝通不良，反而變成心中疙瘩，甚至未來延伸成溝通衝突。然而有趣的是，抱怨完上一代插手教養之後，接下來的對話竟然也似曾相識：

「我每天都幫孩子帶便當，其實我超累的，還不是怕他吃得不夠營養才這麼拚死拚活。」

「現在小孩真的好忙，每天回家都好晚了，我希望他在家的時候舒舒服服不要煩別的事情，專心念書應付考試就夠辛苦的了。」

看似沒有關聯的兩代心情，實際上都與「依賴」和「控制」息息相關，自己最痛恨的相處模式卻不斷在生活中重演。父母對孩子的付出和善意若不小心拿捏，那麼孩子習慣依賴的結果就是無意識地「被控制」，反而不容易發展獨立自我；甚至還會背上一輩子的人情債，往後很難拒絕對方的任何要求，變成「情感勒索」的受害者。

小心！看似好意的控制

當我們抱怨他人時，正是最好機會覺察自己無意識的依賴行為是否也成為被控制的原因，嚴格說起來最該抱怨的應該是自己，畢竟任何事情都是你情我願才有可能發生，誰也勉強不了自己，我們很少意識到，已成模式的生活型態可能就是種依賴，而不僅僅是「生活習慣」。

而當我們角色對調、成為付出的那一方時，必須隨時提醒自己，哪些行為是對方真正需要的協助？該怎麼協助才會讓對方更有經驗和能力，而不是因為比較省時方便，所以「把這件事交給我」就好，或是不自覺藉由插手協助表達自己對孩子關愛，作為未來犧牲奉獻的證據？

瑪利亞．蒙特梭利給了一個讓我們判斷介入的原則：「如果那是小孩覺得自己能夠成功的任務，我們永遠不要去提供幫助。」孩子很大，是我們小看了他們，別讓自己的能力極限成為孩子天生註定的框框。**當我們情不自禁又想幫忙的**

時候，應該停下來先問問自己：我的孩子真的做不到嗎？我有給他機會自己想辦法嗎？

事實上，我們不太了解孩子有多少能力，只是覺得他們需要幫忙；我們不太承認孩子可以判斷，一味認為他們缺乏經驗；我們甚至不太理會孩子的表達，只嚷嚷著說你們不懂。於是我們介入、我們規劃、我們指導、我們關心，我們巴不得孩子都願意聽我們的，才能稍感安慰、覺得放心。

給孩子體會「力不從心」的機會

是的，我也必須承認，在現實生活裡，孩子有時會「高估」自己能力，或者因為湊熱鬧、愛賭氣而認為自己「可以」。**不過，若有機會出現這樣的情境更好，讓孩子實際為自己說的話行動，體驗「力不從心」的感覺，從中領悟自己尚未建立完整的能力**；做父母的也不是袖手旁觀地看好戲，而是在不遠處忠心守候，等待孩子開口求援，再以行動帶領孩子完成任務，表達父母對孩子「無條件的愛」。

這樣的訓練讓孩子多了些思考面向、多了點生活經驗，掌握自己能力的精準度就能這麼一次次慢慢建立起來，他才能漸漸真正獨立，脫離因他人幫忙而形成的潛在控制。

家·長·的·日·常·反·思

- 檢視自己的生活裡，有哪些地方不自覺地被控制了呢？
- 我們有意識到並做出改變嗎？
- 若改變需要具備某些條件，那麼我們會積極地準備並迎接改變嗎？

觀看事情的角度，是可以選擇的

妹妹念的是一般公立小學，每天放學走回家的這段路上，就會立刻呱啦呱啦不停說著今天發生的各種事情和她的「評論」。這位小小評論家對事情很有意見，從老師的處置、後續同學的反應、學校活動的安排，甚至是營養午餐，都能每天發表高見。

我常常想像孩子思考事情的方式，一開始比較像「以管窺天」，先從自身有限的經驗和語言認知能力解讀事件，所以一開始大多是抱怨的口氣，難免有時過於偏隘或感情用事。這時大人的反應格外重要，我們傳達給孩子的是同樣忿忿不平的情緒，還是有機會多聽一些、多想一些再做判斷？

丟問題給孩子，拓展孩子的思考面向

妹妹喜歡畫畫，於是課本、考卷背面也不放過，有時特意加上對白，每次帶回來必定洋洋得意解說一番。我還記得有次老師跟我反映，妹妹上課時低著頭畫畫，目光沒有追隨老師，比起剛開學時不專心許多；妹妹知道老師說法後感到有些委屈，她認為只有老師在重複講解的時候她才低頭畫畫，其他時間仍非常專心。

「喔，所以妳覺得老師誤會妳了？」妹妹點點頭。

「那妳覺得老師為什麼會在意妳畫畫？如果下課畫畫，老師會怎麼樣嗎？」

「老師沒有不喜歡我畫畫，是因為老師不喜歡同學上課不專心。」妹妹說出第一層的理解。

「那為什麼老師不喜歡？妳要不要猜猜看？」我們開始往下走。

此時我們的責任在於是否能拓展孩子的「視野管口」，讓孩子練習越看越寬廣，從中獲得更多資訊以接近全貌，另外確保管口上沒有覆蓋任何有顏色的玻璃紙，才有機會讓孩子抽離情感框架，慢慢體認、分辨「情緒」對思考事情的影響。

畢竟生氣永遠不嫌晚，真的不必急於一時。與其擔心孩子被貼標籤或不夠自由開放，不如先思考還能提供給孩子什麼思考方向？

「嗯……因為不專心就聽不懂，可是我有聽懂啊！」她又跳回原來委屈的情緒裡。

「那老師為什麼在乎妳有沒有聽懂？她也可以不管妳，因為妳畫畫又沒有吵別人。」先不理會她的干擾，我繼續往下討論。

「我也不知道，因為教會學生是老師的工作？」妹妹猜出一個答案。

「對，這是一個可能，負責的老師當然希望學生都懂。那老師現場要怎麼分辨誰聽懂誰沒聽懂？」

妹妹搖搖頭。

「老師擔心妳，但現場又無法確定妳已經聽懂了，所以只好希望每個人都專心看著聽著她，這樣對嗎？如果老師不關心妳、沒有注意妳，或許根本不知道妳低頭畫畫呢。」我小心翼翼地做個小結論。

妹妹點點頭。

孩子未必選擇在第一時間表達意見的原因很多，有時是因為自己不是當事人，或者反應沒那麼快整理出來；有時則是因為自己心虛也不敢多說什麼……然而這每一件生活大小事都像一道練習題，刺激著孩子感受與思考，藉此形成他們自己的解讀方式。

「老師是跟媽媽告狀沒錯，但事情背後的原因是什麼？妳能不能感受更多？這樣妳就不會覺得那麼生氣委屈，我們就能幫助老師解決她的擔心。」妹妹聽到這裡心情立刻輕鬆起來。

同一時間，我選擇和老師面談，請老師再幫我注意妹妹低頭畫畫之後，會不會主動抬起頭來、跟上新的節奏？另一方面也觀察她的小考成績。

隔沒多久老師回覆她會主動回神，成績也沒有起伏，看來並非不專心，而是已經會了所以在解說空檔間畫畫；這些都是老師自己思考後的結論，其實我什麼也沒多說，最後我們對於妹妹上課畫畫這件事就這樣達成共識。

妹妹繼續享受畫畫的自由，也繼續感受老師對她的關愛，而我也請老師持續注意她是否專心，誰能擔保孩子未來不會有變化呢？

教孩子感受他人的原意，不被自身情緒限制

另一個事件也是如此。

妹妹有天沮喪地跟我說國語考了八十六分，當中有兩題是自己粗心答錯，但是其他被扣分的地方，她認為自己答案並沒有錯。

「很好啊，妳已經懂得先分辨錯的類型了。」第一步的自省她已經做到，我們以往對考試成績的討論打下不錯的基礎。

「那妳怎麼不去跟老師討論妳認為沒有錯的題目呢？」我接著問。

「我不敢。我想先跟妳討論，我不確定自己是對的。」妹妹說。

回家迫不及待抽出考卷，原來是造句和照樣造句兩大題中，有些句子被扣部

分分數，加總起來就失掉很多分。仔細研究妹妹寫的句子沒什麼錯，但老師的標準顯然不只是答對而已，對句型和用字遣詞的精準度也很要求。

「如果我是老師的話，妳寫的我應該不會扣分。」我默默地吐出第一句話。

妹妹眼睛亮了：「對啊，我看不出來哪裡有錯。明明造句我都有用到題目的字，為什麼還會被扣一分兩分？」

「我不會扣分，是因為我只用一個標準去改考卷，如果妳有造對題目的句子我就算全對，除非有錯字，可是我覺得妳們老師的標準不只有這樣而已。」

「不然還有什麼標準啦，那這樣不公平啊。」妹妹又掉入情緒裡。

「老師後來有教妳們訂正不是嗎？妳覺得後來句子有比原本的好嗎？」妹妹點點頭。

「那妳有看看別的同學的考卷也有這樣被扣分的嗎？」我繼續提問。

「有啊，有些同學也是這樣。」

「那哪裡不公平？老師用同樣的標準改考卷就沒有不公平的問題。若妳還是覺得不舒服，妳要想清楚為什麼。」

「我就是覺得八十六分很爛很爛嘛。」妹妹終於說出梗在心中的痛。

「喔，那我們說好不在意分數，考試是幫助我們找出哪裡不會，現在妳這麼在乎這個分數，到底是誰沒有做到這點呢？」

妹妹沉默不語。

「妳在對自己生氣，不要遷怒老師。老師並沒有因為八十六分懲罰妳，是妳自己懲罰妳自己。如果妳真的覺得自己寫得很好、不應該被扣分，那就去跟老師爭取；如果連妳自己都覺得後來的句子比較好，那麼就把這個扣分當作是用紅筆畫一顆星星的意思，做個記號，才知道要跟妳討論什麼。」

「嗯……把扣分當作畫星星記號。」妹妹嘴裡跟著唸起來，我想應該沒事了。

傳統教學的現場有許多限制，如同我們在現實生活裡總會碰到一些困境和挫折。提供給孩子更多看事情的角度，就不會困在當下情緒裡，更不會把大人世界裡的憤恨悲觀植入孩子心裡。**練習在事情背後看到別人的原意、在事情前面給他人更多資訊，我們會發現許多問題產生的原因來自缺乏溝通、來自以防備的眼光詮釋他人，真正想傷害我們或孩子的，其實少之又少。**

當然，人生難免會碰上真正不平之事，但那時候已經練就溝通本事又能管理情緒的我們，正面迎戰克服困境的機率也一定大大增加吧。

家・長・的・日・常・反・思

・同一件事情，我們會因為人不同而有不同解讀嗎？我們曾探究過原因嗎？

・我們能夠在批評的話語中找到讓自己進步的元素嗎？

有些事，其實父母別無選擇

人生有些事情我們別無選擇，這句話應該有很多人再同意不過，可是談到教養，我們偏偏竟然都固執地不願承認，自尋煩惱之外，我們還一直找孩子麻煩。

比如說，討論「父母能不能當孩子的朋友」就是個十足的假議題。我們哪有辦法「決定」要不要當孩子的朋友？重點是孩子能不能、要不要視你是朋友，還是勾肩搭背有個朋友的樣子也能安撫騙過我們？另一個例子是我們也無從得知孩子是否擁有祕密，想想以前特務頭子苦刑逼供還不得其門而入就可知道人心難測，現實與謊言只有一線之隔，其實我們永遠無法得知真正的答案。

回到具體的項目上，這個原則依舊適用，例如：可不可以玩電動、該不該讓他自己上學、要不要讓孩子補習……這些看似家長能夠做決定的事情，往往占據我們很多時間討論，煞有其事的反覆思量、請教各方人士，但事實真相是我們到頭來只能做「表象」上的決定，耗盡心力做的選擇卻大多無關乎事情本質。

限制規範，到底防了什麼？

其中一件就是孩子人身安全和自由之間的掙扎，特別是近年來幾起社會隨機殺人與殺童案，讓許多父母開始「收手」，用放大鏡檢視孩子生活裡的「安全漏洞」，恐懼也延伸至孩子其他的自主活動，尤其針對戶外活動與社會互動等方面加倍限縮，深怕遭遇無可挽回的危險。

妹妹生活裡有件事情，讓我深深思考著這些限制規定其實無助於減輕憂慮。

妹妹參加一個團體活動，每週花一個下午在老師帶領下探訪自然步道，同齡的孩子們活潑好動，小男生們個個身手矯健，爬樹登高不算什麼，隨手一抓就能把各類昆蟲乖乖請進觀察盒裡。小女生們則對花花草草小果子很有興趣，觀察力也很強，各自用自己的節奏享受美好的自然生態。

小男生們從地上拾起樹枝枯木，興致一來就當成刀劍隨手比劃起來。樹枝長短粗細不一、加上原始斷裂處較為尖銳，有好幾次差點揮打到對方，讓旁邊的家長們不禁捏把冷汗；此外，在寬度不大、只能縱隊前進的步道上，孩子們拿握樹枝行走移動，也有可能讓自己和前後的同伴受傷。不喜追打遊戲的小女生們也常有抱怨，雖然男孩們自成一區玩耍，但是玩開之後四處奔跑，她們得提心吊膽注意四面八方飛舞的樹枝棍子。

情況越演越烈，「不要這樣玩」、「不要再撿棍子」的口頭禁令開始出現，家長和孩子的衝突也隨之升高，原本愉悅的課堂氣氛變得緊張不已，家長們不僅擔心自己孩子的安危，更擔心對別人造成不可彌補的傷害。

我和全天下父母一樣無法逃脫擔心的命運，生命禁不起任何一次的失誤考驗；哪個方式對孩子比較好呢？失去生命什麼都不用談，但是就算我們限制規範，又真能保證孩子安全無虞嗎？孩子會不會變得了無生氣地活著？這樣到底是

為了誰好呢？

不同孩子的需求，應該受到同等尊重

不同家庭的價值觀與包容度差異很大，在標準不一的情境裡，孩子們會無所適從並多方試探規範底線，於是老師和家長共同決定一起和孩子們正式討論這個困擾彼此的問題。

男孩們先說說自己的感受：為什麼要玩這些遊戲？為什麼我們覺得不會受傷？為什麼拿棍子比較好玩？

女孩們也說說她們的感受：我們為什麼害怕？為什麼沒有參與男孩們的遊戲也會不自在？

家長們也說出各種擔心和疑慮：為什麼一定要玩這個遊戲？為什麼你們這麼有把握不造成傷害？小心就一定可以不受傷嗎？萬一別人受傷該怎麼辦？誰能夠為此負責呢？

各自陳述之後緊接著你一言我一語的對話，孩子和家長群都同意整體活動安全是最重要的優先考量，然而除此之外沒有其他共識和交集。說服不了家長老師，眼看著就快要被禁止撿拾樹枝棍子，幾個孩子有點急了。

身為女孩的家長，尤其又有個謹慎小心的孩子，自然能體會那種潛在的擔心壓力，**但若我們尊重這些孩子們免於恐懼的自由，是不是也應該以同等比例尊重另一群孩子們遊戲的自由呢？**會不會我們過於簡化這個問題，沒有更深入的挖掘而忽略其他的可能性呢？

「如果連在大自然裡都不能隨心所欲地自由嬉戲，那麼哪裡可以呢？大自然應該是最大的空間了吧！」我開口破冰，提出第一個問題。

「如果這些揮打遊戲在平地上玩而不是在山上、步道上，是不是我們的擔心會少一點？」這是第二個問題。

「有沒有什麼辦法可以將那些『萬一』的傷害，降低成可接受的風險？」第三個問題。

男孩們聽到這些問題精神一振，紛紛貢獻許多方法和「保證」，他們努力爭取的可愛模樣令人感動，很快地重新討論後，我們決定請老師指導我們「如何選擇正確的樹枝枯木，以及如何把樹枝變成更安全不傷人的棍棒」；此外，男孩們也無異議地同意，若對方表示不想遊戲，就必須尊重意願立刻停止，玩遊戲時必須選擇平坦空曠的地方，否則就必須聽從大人建議停止。接下來的時間，大夥兒愉快地跟老師學習該怎麼辨認樹木的堅固程度、如何選擇適合自己身高比例的枝木，以及該如何整理撿來的樹枝，讓它變得安全無虞。

「零風險」，是不切實際的期待

世上沒有零風險的活動，我們自以為能掌控絕大多數的風險，然而許多資料顯示我們根本搞錯方向，那些我們傷透腦筋的選擇題，其實發生機率微乎其微，真正每天造成安全疑慮的那些因素，做父母的根本無從干涉起，也就是說「我們根本沒有什麼選擇」。

回到現實生活裡，根據台灣兒童健康聯盟的調查報告，台灣一至九歲死亡率高居OECD（經濟合作暨發展組織）國家中首位，其中事故奪命是主因。另一份國內教育部歷年的校園通報資料顯示，學童受傷的事故原因中，以「意外」比例最高，管教衝突位居第二。

這些事故並非令人懼怕的擄人勒索、隨機砍人，而是每天生活日常裡的「活動」意外：跌落、墜落、溺水、交通意外，還有火災地震……等等；至於其他受傷的案件裡，最多來自同學間的打鬧遊戲，像是樓梯間推擠失足、走廊上奔跑追撞、爭吵時的肢體衝突……等等，還有少數來自環境管理不當或設備老舊，比如：實驗時未做好防護措施、遊戲教具毀損造成受傷。

看來，生活處處是危機啊，每天孩子平安健康原來這麼困難。若真要關心孩子的安全，也許我們該放下「要不要讓他自己上學」、「要不要讓他自己和同學出去玩」這種操心煩惱，這些假議題保護不了孩子，我們根本不可能禁止孩子出門去啊。

我們可以藉由充實防災避難知識降低天災人禍，或透過專業管理把環境設備的疏失降到最低，但這些發生頻率較高的意外往往來自孩子們無心的打鬧傷害，面對這些「不知道會這樣」、「不是故意的」情境，又該怎麼努力呢？

孩子們間的遊戲打鬧原本就是天性，缺乏的是對自我行為的理解和控制，經過這些學習和討論，即使仍有規範，我們和孩子們卻感到更加自由：我們沒有放棄安全第一的原則，也充分尊重每個人的差異，最重要的是孩子從中獲得更多的知識和能力。

一味的禁止或懲罰，並不能幫助孩子意識到個體自由的極限，和對他人空間的尊重，更無法讓孩子從生活經驗中成長，面臨安全問題時也是如此。**做父母的我們並不是去選擇什麼是安全行為、安全活動，而是當作「沒有選擇」般去面對這些風險，並帶著孩子學習管理和控制風險。**

人生最大的冒險就是不冒險，我們應該不想孩子承受「最大的冒險」，不是嗎？

家·長·的·日·常·反·思

· 還有哪些事情也包埋著我們的恐懼？

· 每個父母的恐懼都相同嗎？有沒有不同的地方呢？

· 恐懼帶來的是積極的進步還是消極的逃避？

· 孩子若想探索更多未知領域，我們傳遞給孩子的是勇氣還是恐懼？

讓孩子做決定就是自由嗎？

那天在公車上聽到一段對話。從對話裡得知這位孩子大概三歲多的媽媽，和另一位孩子約小學年齡的女性友人一起出遊，她興致勃勃地跟朋友分享最近的生活點滴和教養心得，其中談到「讓孩子自己做選擇」的時候，顯然朋友跟她的意見有些不同。

「我覺得現在孩子越來越有主見，還這麼小，每天對頭髮衣服都有很多意見，一定要自己搭配才願意出門，其實這樣也好，從小練習做決定，自己承受後果，只是有時候意見不一樣，真的很麻煩。」

「孩子的能力有限，要是我們什麼都開口問他們，他們也是隨便隨口說，沒什麼太大意義，反而給自己找麻煩而已，太順從孩子意願未必是好事，這世界可不會像他媽這樣都聽他的想法。」

「那照妳這樣說，不就什麼都妳決定了？大人當然永遠比小孩有能力啊。」起初開口的媽媽很不以為然。

「當然不是這個意思，只是覺得現在大家都鼓吹開放有點過了頭，小孩沒有那麼多經驗，當然就需要家長或老師的指點啊，不然我們的功能難道只有給他們吃飯睡覺而已嗎？」感覺被誤會的另一位媽媽急忙辯解。

我這旁聽者越聽越覺得混淆，她們兩人所指的「選擇」概念似乎不盡相同，使用同一個語詞讓人聽起來像是教養觀念的爭辯，但事實上兩個好朋友的想法並沒有相差太多。

這個案例意外地反映出現今大多教養觀的爭辯：在不同層次上爭論同一個名詞。

選擇有大有小，不能混為一談

我們口中說的「選擇」，包含非常多的層次和意義；每一天的生活細節裡，我們幾乎每分每秒都在做選擇：今天中午吃什麼、臨時抓了哪件衣服穿、跟同事回了什麼話、想看哪場電影、先處理哪件事情、基金要不要停損、超市促銷要不要跟……有些選擇已經成為下意識、甚至變成了習慣，有些我們則自認是「思考過後」才做的理智決定。

在現今資訊爆炸和專業分工的社會，那些我們自以為認真思考之後才做的選擇，其實每個選項背後都被「設計」過，乍聽之下有點受騙的感覺，但單靠個人自身的智慧去做選擇，思考的完整性卻未必會比「被設計」的選項還要好。舉例而言，像是理財保險規劃、遊學行程、每日營養組合……這些擺在自己面前的選擇，其實是經過篩選組合之後的資訊，我們當然可以花時間研究內容，從頭學起，但根本不可能事事如此，因此差別只在於我們對他人的信任程度，以及自己願意承受多少風險和責任罷了。

因此，雖然我們擁有「選擇的自由」，但我們根本無從得知所有可能的選項，所以未必能「自由地選擇」。回到剛剛車上發生的對話串裡，那細微的差別即是在此。

孩子生活裡當然充滿各種「選項」，從要吃什麼晚餐、穿什麼衣服、學哪些才藝、要不要參加比賽、要加入哪個夏令營……不勝枚舉，若真開口問孩子的意見，通常他們也不會讓大人失望，很少回答「隨便都可以」。

讓孩子覺得自己被尊重，這種教養方法無疑地是家長「最容易做的選擇」，讓孩子做決定至少能感受自己有「選擇的自由」。

但隨著年紀增長，每個選擇背後代表的意義和代價越來越大，我不禁問問自己，**最容易做的選擇是否對孩子真有幫助，或反而害了他呢？也就是說，我們是否有考慮選擇背後所需要的對稱能力？孩子是靠什麼判斷來回答呢？說得出答案就代表有能力選擇嗎？**

會產生這種疑慮，是聽過很多父母討論「自學」與否的問題時，把選擇權交給孩子，認為是孩子自己的決定：

「我的孩子說學校教育不適合他，他希望能夠自學。」

「他比較喜歡自學，這樣可以鑽研自己喜歡的科目。」

這樣的決策方式不禁讓人替孩子捏把冷汗。**讓尚未完整建構對世界認知、生活經驗不夠豐富的孩子擔負起做決定的責任，讓孩子先行享受「選擇的自由」，容易對自由與尊重的真義有所誤解，反而容易讓孩子未來失去真正「自由選擇」的能力**。

與其爭辯哪些項目應該開放給孩子做決定，或是哪些年紀可以做哪些決定，不如問問自己，有哪些後果是自己或孩子難以負荷的，那就暫時不要貿然開放讓孩子選擇。這與每個人的價值觀和抗壓性息息相關，一個自我限制越少、越能接納失敗的人，當然就越能「自由地選擇」，即使最終選擇不是最好的，那也只是走岔了路，多轉幾個彎而已。

這條平衡線不易拿捏，在孩子尚未成年前，不妨提供一些經過「設計」的選擇，讓孩子在限縮範圍內嘗試做決定、體驗後果並藉此開展自己更多能力，或許等到自我意識發展更加成熟並擁有更多經驗時，孩子自然能擺脫各種選項的設計，跳出框架思考，屆時再放手讓孩子享受真正的「自由選擇」吧。

家·長·的·日·常·反·思

- 讓孩子做決定是否有時會讓我們反而感到「不自由」？
- 當「大人的自由」和「孩子的自由」有所衝突時，我們又是如何排序的呢？

第三章

開啟對話的鑰匙

——尊重與同理

藉由重要的小事，展現真正的尊重

這些「申訴」內容，相信你也一定聽過：

老師，他們都不跟我玩。

老師，剛剛他們又亂叫我綽號。

老師，某某某很討厭，一直跑過來打斷我們玩。

老師，有人在吵架怎麼辦？

老師，他剛剛在走廊上跑，撞到某某某都沒有說對不起……

或是：

媽媽，學校的營養午餐好難吃。

媽媽，我不想去上學。

媽媽，今天有人笑我跑得很慢。

媽媽，中午睡覺我都睡不著好無聊……

令人哭笑不得的抱怨有時還真的不知道該如何回應，在家裡應付自己的孩子就已經筋疲力盡，很難想像當學校裡一群孩子爭先恐後的告狀，三頭六臂的老師要如何處理紛亂的局面，好讓每張臉都對回應心滿意足？

其實回頭一想，孩子的小學階段真是人生中最疲累但浪漫的時刻。他們開始掌握自己的能力，對世界抱有極高興趣，不斷展開對他人的探索互動，又在體驗過程中感到困惑不解，產生更多細緻的情緒感受，最重要的是，他們將父母和老師視為一種「公平」、「正義」的化身，滿心期待著我們對事件做出反應和評論，以維持他們心目中還存在著的人間烏托邦。

正是因為長大之後他們自然都會了解世間事物的複雜，也會驚覺老師與父母並非完美萬能，於是此時此刻的這份純然信任之心，就格外地需要被珍視對待，**而我們如何詮釋處理每一件「小事」，就等於向他們示範我們對自己和對這世界的態度。**

我們眼中的小事，可能是孩子的大事

有次提早去學校接妹妹，在操場上看著一群低年級的孩子自己努力排解糾紛，努力之後仍然無法和「滋事分子」達成共識，最後大夥兒嚴肅認真的做出結論：「那我們要去告訴老師。」

我心懷好奇地跟著移動，遠遠看見他們魚貫走進教室，派出代表跟老師說。教室裡的老師正埋頭改作業，聽完之後放下手中紅筆開口：

「真的是這樣嗎？那你把某某叫過來，我們一起談一談，還有誰在現場的都一起過來說明。」老師的話像是打開開關般，孩子們遵照次序，一個個輪流發言，要是有人在別人發言時出聲反駁，老師也會制止，請他等待。就這樣，一件小事處理了半個小時，最後在老師的見證下約法三章後散會，過沒多久，這群孩子又毫無嫌隙地立刻玩在一起。

我們眼中的小事，是孩子們生活中的大事。每件事都是一道閃紅燈，提醒著孩子在這裡需要停一下、想一下、思考一下、摸索一下、體驗一下、感受一下，這些零零碎碎的資訊，就是建構孩子們態度和價值觀的小小螺絲釘，慢慢地一個個鎖上、接上，然後在某一天某一個時刻裡，孩子們變成了他們自己。

當我們大手一揮、不耐吆喝的時候，就是將孩子拋棄在這道閃紅燈前，沒有我們的陪伴協助，他們或許會拿捏不好速度、栽了個跟頭，所有因此產生的不安憤怒的情緒，漸漸地變成記憶中的神經，也一起滿布在身體每個角落。

孩子不會突然變了樣，之所以變了，是因為我們從未在小事裡覺察他們。

孩子不會生下就是如此，之所以如此，是因為我們從未在小事裡協助他們。

小事之所以是小事，因為它頻繁發生又不會有立即危害，但或許我們應該更改對「小事」的定義——發生最頻繁的事情，才應該叫「人生大事」。

若我們都同意生活不是一件簡單的事，那麼千萬記得，對孩子而言也是如此。

家・長・的・日・常・反・思

- 有沒有哪些「小事」每天重複出現在親子生活裡？
- 這些小事代表著什麼意義？是孩子遇到了困難？還是有些情緒尚未消化？又或者孩子覺得大人還沒進入狀況，所以一而再、再而三的提醒我們呢？

跟孩子說真話的溝通藝術

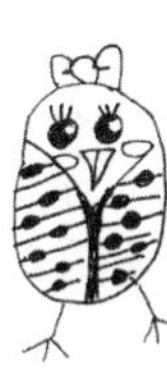

在這個強調自信過了頭的社會裡，許多父母潛意識裡深怕自己挫折了孩子，不知不覺間，變成「報喜不報憂」的喜鵲，期待能達到「正面鼓勵」的激勵效果。

鼓勵孩子的大方向並沒有錯，但教養裡的「過與不及」都需要極力避免。當孩子無法正確得知自己的行為結果時，這樣只說好話的「回饋機制」反而容易讓孩子養成一顆「玻璃心」，只要別人沒有給予相同的評價，就會引發負面情緒，有些甚至會怪罪他人或否定自己，更遑論還能保持什麼學習興趣。

小學二年級學期末必須背九九乘法表，比起其他幼稚園裡早已背得滾瓜爛熟的同學們，妹妹是少數的新手上路，家裡連塊有乘法表的墊板都沒有。由於嚴格實施「自我管理」的學習方法，就算聯絡簿上寫背誦乘法的功課，只要妹妹說她背好了，我也就毫不遲疑地簽名，除了表達信任，另一方面也希望讓她從中體會對自我能力的評估是否正確。

幾次下來，老師考默寫也都成功通過，直到有天放學，妹妹一見到我立刻向我報告：「媽媽，今天發生一件很嚴重的事，我的九九乘法考得很爛。」

「喔，幾分叫做爛？」

「三十分。」

「喔，考卷有帶回來嗎？我們一起研究一下。」其實是想裱框起來做紀念。

「有，可是我要跟妳說的不是這個，是李某某看到我的考卷，就說：『妳考得好爛喔！』她怎麼可以這樣笑別人，這樣會傷到我的心，我很難過也很生氣，就去跟老師說。」啊，這樣也要告老師，當老師真的不簡單。

「她只說妳考得很爛，沒有說其他的吧？」強忍住笑，我一臉認真地問她。

妹妹搖搖頭，表示只有這句話。

「那她說的是事實啊，考三十分的確很爛，這句話換成是老師講、媽媽講，會有什麼不一樣嗎？如果她笑妳笨、笑妳懶，這才是嘲笑。妳既然考了這個分數，自己就應該明白這句話沒有錯。」我牽著她的手，故意不看她的表情，邊說邊走回家。

「可是她幹嘛要說？她也可以不說啊。」妹妹還是嚥不下這口氣。

「當然，她可以選擇要不要說出口，但那是她的事情、她的決定，跟妳沒有關係。我們能控制的只有自己，不是別人。我知道這句話聽起來很不舒服，而且又是妳的好朋友，心情難免不好，要是我一定也會這樣。」嚴肅的話先告一段落，當然得先安慰一下孩子。

妹妹聽到我也有相同經驗，情緒突然放鬆不少。我趕緊「編」了一段被嘲笑的童年往事，表達我對她難過心情的同理，接下來便是討論該如何轉換心情、加強自己抽背乘法表的能力。

當孩子表現不好：轉換身分發言，用情感支持，但不感情用事

這個世界絕對不是父母說了算，孩子終究得面對他人反應甚至是互相比較，既然無法控制外在變因，就得慢慢提供機會讓孩子學習，如何處理來自四面八方、混合虛假真實的話語和評價。

「表現不好」的定義因人而異，這裡指的並非隨意評論孩子的塗鴉、勞作或是功課，而是指外界有具體的分數、排名，或是孩子自己就是覺得不好的時候。

當孩子表現不好，我們得先處理父母自己的各種複雜情緒：失落感、挫折感、自責、不安恐懼……一旦自己覺察到這些「人之常情」，就一定能成功地把理智和感情分開；暫時想像自己是孩子的老師或是第三者，抽離掉其他情緒干擾，接下來說的話就會相對客觀中立許多。

準備好之後的第一步，當然是先同理孩子的感受，並讓孩子感到安全。同理感受並不是急著替孩子找失敗的理由、替面子找台階下，而是說些自己的經驗、他人的故事，都能讓孩子知道每個人都經歷過這些，更不會因為表現不好而影響父母對他的愛，在這些過程中孩子漸漸平靜下來，接下來才是「說真話」時刻。

直接不代表粗魯、真話不一定殘酷

「失敗為成功之母」的關鍵因素，是擁有從失敗經驗中轉化具體改進事項的能力；與其拐彎抹角的扭捏表達，不如和孩子來場開誠布公的事後檢討。

這時候，我們仍然保持抽離情緒的第三者身分，語氣平和地引導孩子回想，有沒有別人表現很棒的地方，如果有，那是哪些？為什麼對方可以擁有那樣的表現？他可能付出什麼努力？

接著回頭想想：自己真的盡力了嗎？比起別人的「盡力」，是不是還有一段距離？自己表現不錯的地方是什麼？過程中有沒有其他干擾因素影響自己的表現？如果有，可能有哪些？下次該如何排除或管理？

這些問句不一定現場就會有答案，但是當孩子動腦筋思考的時候，已經跳脫出情緒控制大腦的機制，開始練習如何從經驗中更了解自己，這些客觀資訊和事實一點也不傷人，重要的是，由孩子自己說出、認可，未來才有可能付諸行動。

有趣的是，討論過程中通常會發現，**孩子們自我檢討的原因和大人大異其趣，大人往往會歸咎於孩子不夠努力、不夠專注；但孩子們有時說出來的是更深層的心理因素，那些對他們影響很大的，都是我們容易忽略的細緻角度。**

我們得和孩子說真話，那是父母應當承擔的教養責任

然而，學習如何正確說真話，也是父母應該練習的重要功課，因為真話不僅更能理解彼此，也更能感受到真實的親密關係，不是那種說我愛你的空泛想像，而是「讓自己更好」的具體支持。

家·長·的·日·常·反·思

- 聽到真話為什麼有時會感覺到受傷呢？
- 是別人的溝通技巧出了問題，還是自己的心態作祟呢？
- 我們或許願意對孩子說真話，但有哪些因素會讓我們不小心「說善意的謊」呢？

為何你的孩子「不講道理」

咖啡店裡隔桌的媽媽們正在大吐苦水，爭先恐後地說自家孩子如何惹怒自己的「豐功偉業」，其中一位相較之下冷靜許多，似乎沒有太多抱怨可言，另外一位大概也注意到了，於是略帶酸意地對她說：「那是因為妳命好、生到一個講理的孩子，不像我的孩子那麼固執難搞。」

這麼一說，大家不但沒有請教那位冷靜的媽媽朋友，反而紛紛開始「比較」起誰的孩子最固執難搞，彷彿那代表著自己最勞苦功高。這時我心想：如果是這種思考方法的話，恐怕我也沒辦法跟這位太太講什麼道理吧？

其實每個孩子一定都有「固執難搞」的一面，在大人邏輯裡，和父母僵持不下的堅持就是固執、不願妥協的就是難搞，再加上父母的觀念也大異其趣，有時候在張家習以為常的行為，到了李家可是滔天大忌……「家家有本難念的經」這句話一點也沒錯。

講道理當然不是命好天生來的，每一個孩子都能講道理，說穿了難堪的事實是：孩子選擇不要和「你」（父母或任何相處的其他大人）講道理。

記不記得有時我們會跟同事分享，和某某某講道理是沒用的，反正他就是那樣？或者我們也知道某些人的「尺度」是容許被挑戰，他說的話不見得沒有轉圜空間；同樣的道理應用在教養上，孩子很快地也能從經驗裡歸納出行動結論，發明控制你或讓你失控的方法。

那，到底是什麼原因影響一個人（不只是孩子）決定「不要和你講道理」？

一、沒有一致原則，隨心所欲的看心情做決定

明明同樣一件事，今天可以、明天就不可以；某些人在旁邊就可以、都沒其他人在就不行；答應的事因為天氣心情種種原因食言，說不定還會說別人不知體諒又加碼發飆；要是一不小心誰惹到你，可能旁人也掃到颱風尾，瞬間風雲變色，什麼事情都別想理性討論。別人完全無法依照邏輯思考推敲拿捏相處之道，一切都像電玩賭博一樣碰碰運氣。

二、只有你的道理是道理，別人的想法都不正確

任何事都是你說了算，你的原因都是「合理的彈性調整」而不是推託藉口，別人也一定得體諒理解，要不然還會被冠上不體貼的罪名。但換成對方說什麼則都是理由，再多的解釋說明都無法改變你的主觀認定和決定。

三、有條件的談判

看似理性文明的談判，其實充滿權力不對等的姿態。利用對方想達到目的的心，趁機和對方交換條件，也許當下可以迅速獲得共識，但這樣的溝通方式對彼此了解可說是毫無任何助益，還帶點「趁火打劫」的意味。

回到親子間，當我們談「講不講理」的背後，其實隱含著對孩子情緒問題的抱怨；不講理代表雙方沒有交集、各執己見，接下來親子衝突的場面，要不就是父母失控的大吼大叫強迫就範，要不就是當下「顧全大局」的妥協退讓，不論是哪一種，心有不甘的結局對親子關係都是極大的傷害。

想要孩子講道理，先反省自己是否犯了這三種毛病，然後把握每次的衝突時刻，耐心地釐清孩子真正的需求，而不是只停留在表象的行為爭議。治標求快的教養法，或許能換來迅速（卻短暫）的平靜，但一次次再犯的「老症頭」，其實是在提醒爸媽也該練習講講道理了。

家・長・的・日・常・反・思

・仔細想想，我們喜歡人家先講道理還是先談感情？這兩種順序與溝通技巧有什麼關係？

・哪一種溝通技巧比較適合自己的孩子呢？

「用說的都不聽」的背後真相

「現在就吃，只能吃這一個；但等五分鐘後就可以吃兩個」的棉花糖實驗證實，有延宕滿足能力的孩子，不僅日後學術能力測驗成績較佳，追蹤結果也發現未來追求成功人生的機率比較高。然而這個易懂又命中家長紅心的結論，雖然引起全世界熱烈的教養討論，時至今日，卻又有了不同解讀。

發明此實驗的教授在最新著作《忍耐力》中特別說明，孩子無法通過棉花糖實驗的另一項關鍵就是「信任」。有許多孩子從小就生活在缺乏信任與信賴的環境，延宕獎勵這種事只是嘴巴說說而已，相信的人就輸了；也就是說，若孩子受過言而無信的欺騙，那麼等待就變得毫無意義，當然先拿先贏，不然萬一有人反悔怎麼辦？

或許這也是許多教養問題的解答。

讓孩子信任你，是「聽話」的基礎

想想以下這些抱怨：我的孩子用說的都不聽，說再多也沒用，都要大吼大叫才有反應；別人說的都比較有用，不知道為什麼我說就沒效果。只從最後的行為結果來看（如：立刻吃了棉花糖、對父母的話沒有反應），可以有很多種解釋方法：自制力不佳、沒有耐心、就是故意調皮搗蛋……若換個新的「信任」角度思考，孩子大唱反調的行為或許就能迎刃而解。

舉例而言，想讓孩子離開遊樂場，經典台詞可能是「今天玩很久了，現在要去吃飯然後回家，下次再帶你來」。有些孩子會流連一下乖乖離開，有些孩子則上演打滾哭鬧劇情，差別就在於父母的信用有多好，那個「下次」會有多久？還是心知肚明遙遙無期？

生活裡很多時候我們不自覺地「哄」孩子，出口成章地「騙」孩子現在先如何如何，等下就可以如何如何，一切只求現狀平靜安穩，等一下的事，等一下再說；或者當下一時高興做了承諾，但事後反悔的理由一堆，聽起來都正當無比，總歸一句話就是：辦不到。幾次經驗下來，孩子也學聰明了，這人的話可不能全心相信，凡事還是「先拿先贏」才對。這就是大家說的「越大越不好哄」，其實是因為被騙成精了，笨蛋才會馬上相信你。

建立信任感的方式很簡單：**言出必行，比孩子更重視承諾，做不到的事情千萬不要答應。**

另一種情境則是父母不敢對孩子「據實以告」，比如說根據過去經驗，預期孩子聽到「回家」的字眼會吵鬧，於是就想別的藉口或理由來轉移注意力，等到孩子發現時，木已成舟，大人也達到自己的目的，孩子頂多鬧一會兒，也就只能放棄了。

放棄哭鬧是累了、是知道無法挽回，但是信任也瞬間瓦解；「狼來了」的故事哪天就會發生在自己身上，明明說的是真話，但孩子要不當作耳邊風，要不就會用更強的哭鬧「測試」真實度。

把答應孩子的事放心上

除了以提早十分鐘告知孩子即將離開來預做準備，或許也可以更明確地告知「下次」大概是什麼時候，也許是下週或是下個月，做出承諾之後不須孩子開口，你也能主動規劃行程帶孩子再來一次，那麼漸漸就能建立孩子對父母的信任，也就無須用強烈情緒表達感受了。

準備好筆記本，把答應孩子的事情寫下來，而不是過耳就忘的敷衍台詞，當週末想不出要幹嘛的時候，不妨回顧清單履行承諾，孩子會很驚喜你還記得說過的話，不僅覺得自己受到尊重，也能建立起父母說話的威信。

信任是最好的教養解藥。信任父母的愛，也信任父母帶來的訊息，而這個信任在逐漸長大的過程裡，更代表無比的安全感和歸屬感，在處理外界紛亂的關係和考驗時，回家能全然地放心和休息，而不是另一場猜測懷疑的戰場。

孩子對父母的信任與生俱來，當有人這麼信任自己、仰望自己的時候，我們更不該輕易地看輕自己、隨意減損那份完整的信任。

回想自己成長過程中，有沒有哪個長輩或朋友說話很有分量，一開口就讓人感到安心，凡事都想聽聽他的意見呢？做個一言九鼎的父母，孩子不但用說的就能溝通，還會希望得到我們的建議呢。

家·長·的·日·常·反·思

- 我們的孩子信任我們嗎？
- 我們也信任自己的孩子嗎？

世上沒有理想的父母

・我們能夠相信孩子願意做到但只是需要時間或協助的心嗎？

・我們也希望有人這樣相信自己嗎？想像一下那是什麼樣的感覺呢？

守規矩反而會吃虧，怎麼辦？

每年暑假為孩子舉辦的藝術表演特別多，許多媽媽們把握機會，頂著烈日帶孩子欣賞表演，為了有個最佳視角看到舞台，往往開場前一個小時現場已人滿為患。幾年下來我們也累積不少「實戰經驗」，早點排隊卡位、自備涼扇玩具打發時間，當作順便野餐聚會也不錯，好不容易等到表演即將開始，立刻感覺現場一陣騷動。

「快快快，往中間挪一點。」站在左側的媽媽催促自己孩子移動。

「我不要啦，這樣就可以了。」孩子小聲反駁面有難色。

「站過去比較看得到，你又不會擋到其他人。」媽媽惡狠狠的口氣，這孩子勉為其難地挪動一兩步站進來。

左右兩邊的媽媽們策略大多相同，於是中間尚有的一點空隙立刻擠滿「後來居前」的孩子，這些小朋友們有高有矮，因此原本排隊坐在地板上的孩子也紛紛抱怨：

「媽，剛剛我看得到舞台，現在被擋到了啦。」

「那不然你坐在板凳上好了。」這位媽媽把露營摺疊椅攤開讓孩子坐上去。

有一就有二，一張椅子引發連鎖效應，頓時間坐在地板上的我們眼前是黑壓壓的人頭，什麼也看不到了。乖乖花時間提早排位，忍受日曬酷熱的妹妹再也忍不住地喊了一句「為什麼他們都不守規矩插隊」，備感委屈地紅了眼眶。

表演開始了，誰也沒有聽到妹妹低聲的啜泣。我拉著妹妹起身向後移動，坐著看不到那就站著吧，沒想到後面情況一樣糟糕，好多爸爸把孩子舉在肩頭上，直挺挺地站在後方第一排。我們此時早已無心看表演，拎著剛草草收拾的大袋子往外走，既沮喪又狼狽。

父母的價值觀矛盾，孩子都看在眼裡

其實我們不是唯一感到失望的人，場外還有幾組爭執中的家庭，這些孩子們不願意配合爸媽的指令往前擠，寧可放棄不看表演，氣急敗壞的大人們出口責罵，原本一場美好的藝術表演卻成了許多家庭的教養現形記。

我能體會千里迢迢排開事情，只為帶孩子體驗藝術的苦心，也不會認為這些人都是故意取巧不想花時間排隊。每個人都有自己的能力極限，或許家中還有其他孩子抽不開身，或許還有年長的公婆需要打理，才能放心出門……然而當我們盡心同理他人難處的時候，這個社會顯然還無法給出同等的回應。

平日告訴孩子同理尊重的大人們，一遇到與自己利益相關的關鍵時刻，我們做了什麼選擇呢？

也許心裡清楚這樣的行為不對，可是別人都做了，我不做豈不很吃虧？

雖然懷著愧疚之心，可是真的好不容易才能帶孩子來，就這麼一次吧？

還是理直氣壯地覺得本來就不需要事先占位，公開免費的表演就是如此？

這些掙扎我也有過，腦子裡的黑白天使大打一架，然而看著身旁信任崇拜我的孩子，最後我總是問自己這麼一句：不看這個表演，對人生有什麼影響嗎？我真的要我的孩子做出這些自私行為嗎？我要讓「非看不可」的得失心蒙蔽理智，讓自己變成張牙舞爪的醜八怪嗎？

不只我們接受試煉，孩子們也是。有些孩子選擇尊重別人、不願失態，也有些搖擺不定的孩子會發問：「他們可以，為什麼我們不可以？」

想想平日我們多希望孩子能獨立思考、不從眾，這時候，正是最佳時機向孩子示範自己的決定，告訴孩子，為什麼我們這樣選擇：我們尊重先來後到的順序，我們同理他人也想看表演的心情，因此我們不會只顧著自己眼前的視野，而是一如往常地做該做的事。

真正的價值觀不會隨事情而改變原則，反而是讓我們在接受情境測試時，堅守優先順序。真正最高境界的「做自己」，莫過如此而已。

家・長・的・日・常・反・思

・我們尊重自己、喜歡自己嗎？

・別人會影響我們如何看待自己嗎？

・我們希望孩子也以別人的評價作為處事標準嗎？

什麼是真正的禮貌？

有件事我一直搞不太清楚。

大部分妹妹接觸過的老師和長輩們總會稱讚她「很有禮貌」，但我仔細觀察過，她既不會主動打招呼，也不喜歡獻殷勤討好別人或表現親近，我實在想不透為什麼她能贏得這些讚美。

直到有次妹妹跟著我去參加朋友聚會，一切才豁然開朗。雖然事先和她大略介紹過與會者，到了現場她一如往常依然口拙，更別提回應阿姨們一連串的問候和各種問題。她安靜地坐在旁邊吃著鬆餅，津津有味地聽我們聊天，不一會兒，氣氛熱烈到我也忘了「她的存在」。

過沒多久，她拉拉我的衣角：

「媽，妳們太大聲了啦，講話小聲一點。」

又過一會兒，她再次提醒我：

「媽，剛剛服務生問阿姨問題，妳們都沒注意到。」

不只如此，店裡生意很好，高朋滿座，她還注意到我們的包包放得比較外面、注意到我們的椅子容易卡到走道，別人不易通過……兩個小時下來，幾位阿姨也注意到她的細心和體貼。

最後這位不善言詞的小姐贏得阿姨們一致的讚美：真是個有禮貌的貼心孩子。

原來妹妹展現的禮貌不是在嘴上，而是實踐「隨時注意他人的存在與感受」，藉由互動方式表達善意與體貼。也就是說，即使今天一個人滿嘴的請、謝謝、對不起，但若只是為了要求別人配合自己，根本忽略他人的實際需求，那麼這種「不禮貌」的冒犯，可能遠比不好意思打聲招呼還要嚴重。

是小孩不禮貌，還是大人受不了被拒絕？

此外，觀察大人與孩子間的互動，我們會發現，有些人認為的「沒有禮貌」是這樣的：

長輩們熱情地塞給孩子甜點或是特產，不料孩子一口回絕：我不想吃。

阿姨好心拿件外套請孩子穿上以免著涼，沒想到孩子說：我不冷，不想穿。

某個大人想請孩子幫忙跑腿或拿東西，沒想到與預期反應不同，孩子直接回應：我現在在玩，不想幫忙；或者聽到不喜歡的實話，例如穿這件衣服很不好看、這家餐廳不好吃……等等。

這些情境若發生在公共場合或熟識親友面前，不僅讓大人們感到尷尬，有時還會引來批評，在台灣社會裡，回應態度和內容太過直接的話，可能暗地裡就會讓人認為不夠圓滑、不夠禮貌。

不過，令自己感到沒面子未必是對方的問題，同樣一句話，聽在不同人耳裡詮釋不同，引發的情緒可能是對過去負面生活經驗的反射。若不小心觸碰到自己的弱點或痛點，也未必是對方想傳遞的訊息。孩子們不需要承接大人各式各樣的生命經驗，這也和禮不禮貌扯不上任何關係，充其量就是表達方式可以斟酌討論而已。

每個國家或地區的風俗民情不盡相同，當然對「有禮貌的行為」定義也大異其趣，甚至是完全相反，所以當我們討論「禮貌」，或希望孩子有禮貌的時候，首先要問問自己，到底要跟孩子傳達什麼樣的內容，我們是否窄化了禮貌的意涵，更忽略了背後的文化價值和意識框架？

是真正的禮貌？還是敷衍的應對？

回頭來看看我們說的禮貌，其實每個人的想法不盡相同：禮貌就是禮節嗎？有沒有人儘管嘴裡客氣、行為優雅，但卻讓自己感覺非常不舒服呢？是什麼行為會讓自己感到被冒犯，而認為對方「沒有禮貌」呢？一個不曾對你說早安的人，卻願意坐下來認真傾聽你遇到的困難，你接收到的尊重和禮貌，會比三餐都打招呼卻未曾想停留交談的人還要少嗎？

與其陷入「要求」或「不要求」孩子禮貌的二元爭辯裡，不如花點時間把「禮貌」這件事的內涵梳理清楚，否則傳達給孩子的，只是模糊不清的概念，連我們也不知道自己在說些什麼。

禮貌不是表面功夫

不跟孩子特地說「禮貌」二字，因為禮貌不是「特意做出來」的行為，這種互動方式的形成應該是動態的，而非靜態的、樣板式的行為；不要求表面禮貌不等於是放棄管教，只是不必然以特定形式表達。真正必須要求孩子做到的禮貌，是品格上的修練，孩子必須隨時覺察自己的言行舉止對別人產生的關聯影響，這當中同時包含著同理心和觀察力。

讓我們動動腦發揮創意，想想禮貌還能怎麼表達給別人？最困難的禮貌又是什麼呢？

家・長・的・日・常・反・思

・為什麼我們通常喜歡有禮貌的人呢？

・禮貌給自己帶來什麼感受呢？

・我們希望孩子成為自己認為有禮貌的人、還是「別人眼中」有禮貌的人呢？

用禮貌傳遞正面訊息

「兒童今天面對最困難的工作，是去學習一些連他們周圍都看不到的好禮貌。」

——佛雷·亞斯坦（電影演員）

孟母三遷的故事流傳千古，啟發我們認知「環境」對孩子的影響甚鉅，然而談及禮貌這件事，我們卻把全部責任都放在孩子肩上。若我們錄下孩子一天在學校裡、在路上、在車上聽到的對話，或是別人跟他們說的話，我想任何人都做不到對這社會裡的所有人保持禮貌。

但這不意味著「有禮貌」這件事「都是」別人造成的因果，「禮貌」原本就是個人的修練，也是每個人選擇與社會的對應姿態，一旦這個人對社會、群體的觀感改變，那麼態度一定也隨即自動調整。

比禮貌更重要的，是真誠地感受並回應

那麼，孩子又是怎麼感受身旁的大小事呢？一開始絕對受到父母極大的影響，即使處在不好的環境，如何提供不同思考角度，也就是影響孩子選擇如何和他人互動的重要因素。

舉個自身的例子。每次搭公車下車刷卡，我總是習慣跟司機說聲謝謝，有時候碰到想開口說說話的司機，也就現場多聊兩句，妹妹默默觀察我的行為好一陣子，有天忍不住開口問我：

「媽媽，如果妳跟司機說謝謝，別人沒有反應，妳都不會覺得難過嗎？」

「難過？為什麼要難過？我本來就該說聲謝謝啊。」

「可是他都沒有說不客氣，就好像沒有聽到的樣子。如果是我會覺得有點丟臉，下次就不想說了。」妹妹回答。

「喔，那妳回想每個乘客都有跟司機說謝謝嗎？」

「不是，沒有很多人說。」妹妹想了一下。

「司機沒有回答有很多種原因。有可能他累了，心情不是很好；有可能他沒想到我會說謝謝，反應不過來；有可能他想說不客氣的時候，我已經下車了沒聽到……不過我可以確定的是，不論哪種狀況，他聽到我的謝謝都會心情好一點。」

我接著問：「妳也有能力讓別人心情好一點，下次要不要試試看？」

妹妹沉默沒有說話。

事情還沒結束。

妹妹下一次搭公車時，跟在我後面刷卡，意外地也跟司機說聲「謝謝」。然而運氣不大好，這位司機沒有任何回應，我也來不及回頭看清楚，門就很快關上了。妹妹初體驗出師不利，有點氣餒，個性較為謹慎的她，想必鼓足勇氣才開了口，我心想給她點鼓勵，於是開口：

「妳剛說謝謝耶，而且聲音不小，我想司機一定有聽到。」

「可是他沒反應。」妹妹果然很在意。

「妳還記得我上次說的那幾種可能嗎？其實我後來又想到一種可能，會不會有些司機跟妳一樣也滿害羞的，不好意思開口？」

「嗯？」妹妹抬起頭來，想了想，點點頭。

「對啊，剛剛我沒仔細看司機的臉，下次妳可以注意一下，說不定他沒說不客氣，可是臉部表情有變化。」話才說完，妹妹臉上就已經豁然開朗。

一種米養百樣人，接下來妹妹主動說謝謝的幾次經驗，就遇到立刻開心回應的司機、揮揮手示意的司機、稱讚她有禮貌的司機，當然還有什麼都沒說，但是臉上突然露出不好意思微笑的司機。

妹妹喜歡上打招呼的感覺，別人有回應她會特別有成就感，她也會偷偷觀察大家的表情變化，就算什麼回應都沒有也不會感到失落，甚至會跟我討論不知道司機先生心裡有沒有什麼煩惱。此外，我發現最重要的改變是，時間一久，也許一次兩次，司機先生開始預期會有孩子跟他說謝謝，準備好回應我們的司機開始變多了。

不要藉「禮貌」展現權力關係

同樣一件事情，我們傳遞的是什麼訊息，取決於我們如何詮釋世界和他人行為。**過於正面思考或負面解讀都太過極端，現實生活裡的情境其實並非如此，沒有人永遠惡劣，也不會每個人每件事都很友善。想對應這個充滿挑戰、每個人都很辛苦的大環境，同理心或許是解藥之一。**

那麼，再回頭想想，一個被呼來喚去、不被傾聽、覺得這個世界危險糟糕、感覺不安的孩子，就算天天被叮嚀著要有禮貌，也可能「做不出來」，無法時時刻刻達到大人們的要求。因為沒有接收到同等的訊息，就很難勉強自己做出類似對等的回應。

想要孩子真正有禮貌，那就先對孩子有禮貌。或者先問問自己是否也是個有禮貌的人，還是只是把禮貌和管教混為一談、認為順從、不頂嘴的討好言語就是有禮貌？表面上的噓寒問暖若沒有發自內心，那麼即使在孩子面前示範，也會被看穿。

「孩子是問你相信的事，不是問你知道的事。」關於真正的禮貌，我們是內化到價值觀裡，還是只知道該怎麼表現而已？

家·長·的·日·常·反·思

- 若有其他大人對孩子不禮貌，我們的反應是什麼呢？
- 我們能讓孩子自己思考並決定什麼是禮貌嗎？
- 沒有獲得預期中的反應，我們還會要求或期待孩子繼續保持禮貌嗎？

第四章

環境給我們的教養挑戰

反悔，可以嗎？

還記得前幾年「用迴紋針換來一棟房屋」的新聞，把「需求」和「價值」重新做了一番定義：當下自己最需要的，才是最有價值，而那與客觀定義的售價未必一致。隨著社群媒體興起，不少換物社團紛紛成立，加上虛擬貨幣的盛行，這年頭，進行交易的方式更多元有趣了。

孩子們的互動隨著年紀增加慢慢豐富起來，從一開始常見的「分享」，逐漸發展「換換樂」的約定；從交換擁有權開始學習，等到開始有零用錢之後，便是更複雜的商業交易行為。

有交易就會有紛爭，最常見的一種情境是：一時興起的交換，隔天有一方想反悔取消，這時候該怎麼辦？

妹妹也曾碰到這樣的難題。學校裡的姊妹淘用貼紙和她交換一顆小玻璃珠，隔天同學反悔開口要回，但因為小玻璃珠沒帶在身上無法現場處理，於是兩人說好明天帶去換回。

心中不太願意的妹妹放學後見到我第一句話就是：

「媽媽，妳不是說要守信用嗎？可以反悔嗎？」

「可不可以反悔要看什麼事情耶，我們現在買東西有七天可以確定要不要，不要的話可以退貨，這樣算不算反悔呢？」這個舉例可以拉大討論範圍，妹妹停了一下。

「可是我又沒有賣東西，我們是說好交換的，這不太一樣吧。」

「的確不太一樣，但妳剛剛的問題是反悔喔，我不是指妳的事情。那我換個方式問妳，如果剛好妳也想換回來，那麼妳還會問我這個問題嗎？」我拋出第二個問題。

妹妹搖搖頭。

「那就對了，現在的問題不是反悔，而是妳們兩個意見不同，所以妳會希望對方遵守承諾，這樣想有沒有比較簡單一點，比較沒那麼生氣？」

妹妹改成點點頭。

「那麼，妳可以想想為什麼她會反悔，如果是妳想後悔，會不會希望好朋友也能幫妳，不要讓妳這麼難過？還有啊，如果妳的好朋友很難過，那麼妳有玻璃珠的心情會不會有什麼改變？比一比、排一排，哪個比較重要，這樣事情就很清楚了。」

父母眼中的價錢，不等於孩子眼中的價值

孩子有可能是那位主動反悔者，也可能是被追討的被動方，雖然這兩種角色可能在不同情境下發生在同一個孩子身上，但通常孩子會因為自身特質，而較為明顯、頻率較高地表現出某一邊的角色傾向。

一旦牽涉到父母購買或贈送的物品，這樣的糾紛往往會引來父母或師長的介

入，若是小東西也就罷了，若是售價較高的物品，我們的判斷通常會因此而失去方向，討論裡必須考慮孩子的情緒、物品的價值、他人的觀感、教養的原則，想要平衡拿捏，實在是不小的挑戰。

最後的結果，我並沒有追問，看來妹妹自己有了答案，也免去了一場紛爭。父母可以做的，是丟出問題來給孩子思考、摸索自己的感受，如果孩子只是「卡在」很喜歡某樣物品，那麼可以另外討論「獲得物品的其他機會或方法」，讓孩子專心回到抽象價值和具象物品的比較排序上，並自己做出最後決定。

不論孩子是哪一方啟動者，第一步都必須釐清當事人心中的情緒和欲望，把「物品」和「承諾」分開討論，才有可能進一步邀請孩子討論下去。**有些孩子在意的不是物品，而是「公不公平」的感覺；有些孩子則是因為物品本身引起的占有欲而反悔，並沒有想到其他層面的問題，若此時沒有協助孩子一起在同一個層面相互感受，那麼最後結果勢必會讓其中一方覺得委屈。**

第二步則必須釐清大人與孩子的價值認定未必相同。大人通常會將對價關係納入考量範圍內，然而對孩子而言，價錢有時並未等於價值，舉例來說，一張大家都想蒐集的電玩卡片，可能隱含其他社會互動和人際關係的功能，絕對比實際

「貨幣價值」還要珍貴許多。

若孩子是想反悔的一方，也別急著替孩子戴上道德的大帽子；原本孩子的判斷能力就不夠成熟，讓他自己感受衝動行事的代價也未嘗不好。做決定的人當然可以反悔，並嘗試跟對方交涉討論，但也同時必須認知「未必有自己想像中的結果」。練習接受最後結果、不怪罪對方，回去自行消化情緒，把事情層次分清楚的過程，對孩子來說也很可貴。

類似的情境其實在大人生活裡也層出不窮，只是多了法律規範和道德眼光的限制，多數時候，這些狀況並不會浮出檯面。同理心能幫助我們理解他人的心情，而不至於將別人的問題又變成自己的困境，同時還能更了解一個人，如果一個人老是反覆不定、陰晴難測，幾次經驗累積下來，自己當然就懂得趨吉避凶了。

不過，最麻煩的題目還不只這樣呢！進階版的題目會是：若是交換的東西被弄壞了、被吃掉了（如：糖果或其他消耗品），那麼，這時候的反悔又該怎麼處理呢？

家・長・的・日・常・反・思

・長大的我們也曾想反悔某件事嗎？

・我們會像孩子一樣承認並說出來嗎？

・如果不是，我們的處理方法有比較好嗎？為什麼或為什麼不呢？

說一套做一套的生活教育

前陣子電視裡充斥著校園新聞，尤其是營養午餐的食安問題鬧得沸沸揚揚，我們一起看著新聞，妹妹迫不及待地開口發難。

「媽媽，其實我很討厭在學校吃飯。」妹妹說。

「喔，我知道啊，妳不是一直說營養午餐很難吃。」

「其實也不是每天都很難吃，但是整個氣氛很不好。」叮咚！我就知道還有其他原因，上次妹妹把中午沒吃完的菜打包回來，我吃了也覺得口味不差。

「怎麼說？為什麼氣氛不好？」我繼續追問下去。

「我覺得吃飯好趕喔，不知道為什麼要這麼急，而且不能邊吃邊聊天，吃完馬上要刷牙洗碗筷，然後十二點四十分以前都要弄完。」

「四十分鐘？吃飯喝湯加水果？真的有點趕耶。」難怪每次妹妹都放棄喝湯或把水果包回家吃。

「不到四十分鐘啊，因為我們要排隊拿飯，我拿到都已經過十分了。」時間控管一向不錯的妹妹果然明察秋毫。

的確，中午吃飯的精神壓力這麼大，再怎麼好吃的飯菜也都索然無味。合理的推測是老師們為了讓每個孩子都能在有限時間內吃完飯準備刷牙，也只好要求不要邊吃邊聊天，以免耽誤午睡時間。

矛盾的潛規則，讓孩子無所適從

正當我陷入思考沉默之際，妹妹再度發出不滿之聲：「不是說要細嚼慢嚥嗎？結果我們都要狼吞虎嚥耶。如果我要早點拿到飯，那就要爭先恐後，這樣不是不好嗎？排前面應該跟排後面都是一樣才對啊。」

是啊，課本寫的、爸媽教的，怎麼都跟實際生活背道而馳呢？孩子到底要相信什麼？還是從這裡開始就學習到現實生活的「潛規則」——其實都是說一套做一套，凡事都為自己想就好了？生活教育的正確答案僅供參考？

回想起自己的學校午餐時光似乎沒有這麼急迫，同學間會互相看一下彼此的便當、把菜換來換去；有些人還會三兩成群地圍在一起吃便當聊天，感覺相當自由放鬆，不過那時可沒有規定要喝湯吃水果、洗碗筷加上刷牙，所以用半小時吃頓飯還算充裕。隨著時空變化，加諸在老師和同學身上的「任務」多了，時間卻沒有增加，搞得吃一頓飯緊張兮兮，對孩子來說，吃飯成了一件苦差事，細嚼慢嚥的人會被催促，說不定還會被質疑不夠「專心吃飯」。

生活是最實際的演練場，而這些規定和要求對孩子而言，就是強烈的行為暗示：暗示我們的期待標準、暗示背後的價值判斷——快就是好、慢就是不專心。連我們大人都遺棄了課本上的美德，又怎麼能要求孩子在考卷上寫「細嚼慢嚥消化好、爭先恐後不搶快」呢？

自相矛盾的說法，充斥在生活周遭

「說一套做一套」的例子隨處可見，比如說百貨公司的免費贈品。

為了促銷業績，商場或百貨公司甚至是一般攤販常舉辦活動，除了滿額換贈品外，有時也會開放限量名額，以極低價格甚至免費商品來吸引消費人氣。這時候不難看見因為排隊起爭執，或為了搶免費商品和店家吵得面紅耳赤的人，當中不乏許多帶著孩子排隊的媽媽或是爺爺奶奶們，就這麼在孩子面前做了不良示範。

還記得上回路過排隊人群，有對母子現場起口角，媽媽氣急敗壞地破口大罵：

「叫你幫忙占個位子不行嗎？我們那麼早來排隊，一人可以領一份啊，你幹嘛不想排？你離開別人就會占去，這樣就少了一份。」

這孩子一臉無奈又不耐：「換這東西幹嘛？我們家裡又不缺。這是你想換的不是我想換的，為什麼我要在這裡排隊？」

偏偏後面排隊的人也很計較，擔心自己名額不保，還在後頭叫囂：「孩子也算排隊人頭嗎？兩三歲的也算嗎？」

這一問引起騷動，只看見一群大人們斤斤計較起來，巴不得店家出來主持公道，有些人批評帶孩子來的偷吃步沒安好心眼，有些人聽著刺耳也忍不住回嘴。在孩子面前，我們平常說的那些「有話好好講」、「不貪小便宜」、「不浪費資源」、「不隨意指責別人」似乎像是「可笑的標準答案」，現實生活裡大人根本不是這樣做的嘛。

做給孩子看

親眼見證「言行不一」的孩子，長大後可能就是滿嘴仁義卻無惡不作的政客和商人，我們自己深受其害，也影響整體社會的進步。**當我們開始指責學校、老師管教不力甚至抱怨教育環境，其實又掉入另一個「都是別人的錯」的負面示範，想想自己，我們又真的做到平日對孩子耳提面命的話嗎？**

為了孩子，讓我們提升自己做更好的大人，重新檢視生活裡的每一件事、每個行為，能不能去掉自己的慣性，而有更好的示範；下次跟孩子說道理時，就能理直氣壯、抬頭挺胸地說：「爸媽做給你看，我們要成為這樣的人。」

家．長．的．日．常．反．思

- 仔細想想生活裡有哪些事，是自己不小心或不得已「破例」的呢？
- 我們向孩子說明原因的時候，孩子的反應是什麼呢？
- 反之，我們又是如何對待孩子呢？

有比較才有進步嗎？

又一個孩子選擇離開人世，青春茁壯的生命力依然抵不過慘綠的升學壓力。

網路新聞把近幾年來的案例列表做了整理：某位北市高中生認為自己是「瑕疵品」而上吊、嘉義國中生留下遺書「是成績害了我」……從國中到研究所，這一路的求學過程裡，因課業壓力自殺身亡的新聞屢見不鮮。我停下滑鼠，看著此時在沙發上邊哼歌邊畫畫的妹妹，心裡不禁提前憂愁起來：我的孩子，未來妳也會這樣受苦困頓而覺得人生無望嗎？

從小聽著「苦讀寒窗」故事長大的我們，也承受過極大升學壓力，教育改革多年後，看來壓力並未減輕，會把「人比人、氣死人」貼在牆上提醒自己的華人社會，分明就是最愛比來比去的一個族群；即使廢除了聯考的「大排名」，整個社會也從未放棄「比較」這回事，反而陷入更多元的競賽氛圍裡。

比較不是原罪，人每天生活都必須進行「比較」才能做出選擇：

想買支手機，總會比較一下各家廠商。

想找間好餐廳，ＣＰ值就是一種比較結果。

想找個好工作，當然得什麼都比一比……

若我們覺得這樣的比較理所當然，那麼，對於自己成為「被比較」的標的時，也就不必大驚小怪。這句「就算長大後是賣豆漿的，也要是這條街最好的」的勵志老話，也同聲提醒我們，最終免不了和他人競爭比較。

比較無所不在，跨越國籍、種族文化甚至時空。我們不可能消弭所有個體差異，更不可能改變人類做出最利己選擇的本能，有些事情必須要有篩選的標準，更嚴格的說，想要跟別人「不一樣」的心態，難道不也隱藏著一絲比較的意味？

沒有排名、改成等第制的成績單，是現今制度對孩子們的「體貼」。教育潮流讓我們開始反思排名對孩子的傷害，國內外書籍更是極力呼籲家長別讓比較心態扼殺孩子的童年……甚至全部人生。當我們極力避免分數排名的結果赤裸裸地傷害孩子，卻更加遮掩地在暗地裡進行各種角力，原本的善意似乎漸漸扭曲成一把利刃，到了孩子成年時，才一刀劃破那層蓋在眼上的布。

掀開這層「去分數」的保護薄紗，我們面臨的是更全面性的比較：公司有一套評鑑制度、父母家人傳遞對自己的期待；甚至有時自己就是愛跟人家比較的元凶：比房子、比車子、比行頭……在資本社會裡的標準和價值氛圍之下，「不想跟人家比較」反而成為需要修練的困難事。

若先把對「比較」的負面印象嘗試歸零，那麼剩下的只有一個問題：為什麼「比較」會讓人不快樂？

「比較」是本能，但不要落入過度競爭的陷阱

還記得二年級上學期的時候，妹妹有天小心翼翼地拿出一張考卷給我簽

名，我還來不及搞清楚狀況，她就迫不及待先開口：「這張大家都考不好，有點難。」

對於她的反應，我感到非常驚訝。即使我們從未因任何一個分數而責罵她，她的老師也絕非只鼓勵追求分數的教育者，但孩子卻自動對分數有反應，甚至主動去了解別的同學成績。

「為什麼妳會想要知道別人的成績？」我開口問。

「我想知道是不是只有我不會？」妹妹回答

「那是不是只有妳不會這件事，為什麼這麼重要？」妹妹沉默沒有回答。

人是群居動物，互相觀察學習本是常態，不同的能力天賦互動交錯，也是創造力的來源之一，「比較」能讓人迅速辨識出該項能力最優異的人，其他人再藉由各自的方式從中學習，就像是工匠們、藝術家們增進自己技藝層次的方法，也會透過各個不同面向，觀摩激盪出自己更多的想法，不論我們使用的動詞是不是「比較」，腦子裡總會產生一些結論或判斷。

然而，現在普遍存在的比較是為了符合「節奏一致」：在既定時間內，哪些人無法跟上速度？哪些人不符合設立的標準？這些比較已帶有優劣的意味，並對人做了價值判斷：慢就是能力差、快就是代表好。把比較的結果立刻貼上不同的能力標籤，再將人分類定型，把人類的本能轉化成互相競爭的工具。

避免功利的比較

回過頭來想想一些矛盾的行為：我們在意孩子英文單字背得有沒有比同儕多，但不會特意比較他們圖畫得好不好；我們會在意孩子數學考得如何，但不會苛責體育成績……即使多元天賦、多元智能的教養觀念已進入台灣，孩子卻免不了還是會被比較：哪種天賦「比較有用」。

如果沒有正常的心態，做什麼都只會畫虎不成反類犬；如果心態不變，什麼也都能成為比較標的。「有用與否」即是反映社會價值觀的最好例子，同樣是「做工的」，在台灣就變成「不學好、學不好」的代名詞，但在其他國家卻是備受推崇的高薪專業。

日本職棒選手鈴木一朗曾經毫不諱言地表示，和他人比較、制定努力的目標，然後不斷練習，是他前進超越自己的動力來源。就算他自己不去比，這世界仍舊會拿他和其他選手評比，與其跟隨別人的評價起伏，不如自己掌握比較的內容，轉換成產生力量的正向循環。

過於狹隘的比較，只是鼓勵同質的人不斷優化某種能力，當整個社會只把對未來的投資全部押在這一兩樣能力或族群身上，這何嘗不是現今台灣社會經濟轉型的困境？

這並不是正當化任何我們對孩子的比較手段，只是，在社會整體價值觀尚未進化之前，只去掉表面的分數評比並不能解決根本問題，反而讓孩子失去進步的機會。「比較」不是為了滿足父母或任何人觀看成就的欲望，而是讓我們學習將比較結果轉化為有意義的資訊，回饋自己，那才是不斷讓自己更好的忠實建議。

家·長·的·日·常·反·思

· 我們是屬於愛比較的還是討厭比較的大人？

· 答案會因事情而異嗎？

· 猜想看看若是世俗標準的「人生勝利組」，他們會討厭比較嗎？

· 比較之後贏了就一定能獲得快樂成功嗎？

從輸贏中，孩子可以學到什麼？

最近聽到越來越多的朋友分享：「我的孩子好勝心很強，很愛面子，凡事都不願意輸，該怎麼辦？」已經夠焦慮的父母，說不定還得擔心這是不是「低挫折容忍力」的現象，孩子一輸就情緒暴走，到底該怎麼辦才好？

脫離幼兒園的烏托邦世界後，各類大大小小的「比賽」或「趣味競賽」如雨後春筍般地出現。有些是正式舉辦的比賽，有些則是為了炒熱課堂氣氛或提升學習興趣而創造出來的遊戲競賽，就連下課時間，孩子們也會分成兩隊，發明一些天馬行空的項目，互相較勁。凡事有比較就有先後、有比賽就有輸贏，即使是下棋撲克桌遊也是如此，原本不是什麼稀奇的事，但在孩子心裡，再小的輸贏都能引起微妙的心理變化。

大人明示暗示：贏比輸好

其實孩子一開始對輸贏並沒有具體概念，也沒有特定「態度」，然而幾年生活下來，孩子很明顯地開始表現出對輸贏的得失心，其中原因就是來自於大人們的「差別反應」。

回想一下，孩子贏或是得獎的時候，我們有沒有欣喜若狂、加碼獎勵、大書特書？即使「輸」的時候，我們也開口安慰，告訴孩子沒關係、下次再來，但是我們臉上悵然若失的表情，或是「事後」希望如何「進步」的建議，都等於向孩子傳達「我們很在乎」的訊息。

也許某些孩子們反應快一點，能夠從中「歸類」出哪些活動輸了無所謂，哪些活動輸了要小心；但是更多的孩子在依附父母、老師或其他成人的狀態下，現實生活或情感上絕對受到照顧者的影響，不論是擔憂、害怕、責罵，想討大人歡心，或哪一種原因，最終都容易演變成「輸不起、愛面子」的表現行為。

其實孩子自己未必能分辨到底是自己在乎，還是因為別人而在乎，然而當孩子不論原因開始在意輸贏的時候，最不開心的其實是他們自己，因為單純的「遊戲結果」已經變質成各種「比賽輸贏」。

總之，輸贏淡然處之，如果大人先做到，往往剩下的問題不難解決。

孩子在意輸贏，真的不好嗎？

這世上沒有什麼絕對好跟絕對壞的事情，即使家庭教育的觀念很正確，也無法避免大環境中鼓勵競爭的氛圍。在乎輸贏是人性的一部分，卻可反映出個性上的弱點，如何拆解輸贏裡面的訊息，讓孩子悟出自己的下一步，或許比「改變在意輸贏心態」來得更重要。

連大人都還困在比來比去的生活裡，又怎麼能要求孩子做完美的聖人？在乎就在乎吧，重點是然後呢？

輸的時候，讓孩子悟出處世之道

風水輪流轉，身為輸家贏家，都有各自該做的功課。想贏得勝利一點也不罪惡，孩子多半也能為此盡心盡力，然而「努力也不一定會成功」、「一山還比一山高」的人生真理，必須要等「失敗」的時刻，才能領悟。

輸的時候，孩子難免不服氣，然而這時卻是最好的時機，點出「對手」優點，讓孩子看看別人贏的道理，即使孩子嘴巴不讓步，也別勉強孩子，他們心裡會默默消化這些中立客觀的資訊，成為下一次自我精進的養分。

低調處理孩子的情緒，不指責、不隨之起舞，提供給他更多分析資訊，說完之後，雲淡風輕繼續過日子，孩子自能一次又一次地慢慢降低情緒強度。

臉皮薄、自尊心強的孩子，對輸贏更是敏感，同儕間的言語容易被解讀成嘲笑，也會負面詮釋他人的任何反應，這時候不妨先把孩子生氣的情境和對話內容記錄下來，等到當下情緒消退時，回過頭來請他想想，自己是否曾經也說過類似的話，那時候的意思是什麼呢？是否可能因為自己的心情作祟而誤讀他人訊息呢？

「在乎輸贏」和「追求輸贏」在表面上的行為很難分辨差異，趁著孩子年紀小的時候細細討論，才能讓孩子因為輸贏打開眼界、自我精進，而不是變成一生追著結果跑、被輸贏制約的小倉鼠。

家．長．的．日．常．反．思

- 我們都品嘗過贏的勝利和輸的失意滋味嗎？
- 哪一種印象比較深刻？

・贏了之後會有被超越的恐懼嗎？輸了之後會有奮起的動力嗎？

・輸贏的好壞真的如我們想像嗎？

媽！我覺得不公平

那天英文課結束，下著滂沱大雨去接妹妹，不知道是雨聲太大還是她的心情激動，妹妹看到我時，以罕見的高分貝大喊：

「媽媽，我覺得有件事超不公平的，我有點生氣。」

「幹嘛？發生什麼事？」

「英文課我們分兩隊比賽喔，我們這組都有認真學所以很厲害，另外一組有兩個同學一直學不會，所以他們一直輸。然後第三次比賽的時候，老師說那兩個同學如果答對的話，一次可以加兩分，而且可以自己選題目回答。媽媽，雖然最後還是我們贏，但這樣不是很不公平嗎？」一口氣呱啦呱啦說完，看來是真的滿氣的。

原來如此，想必老師為了鼓勵英文較弱的孩子發言，後來調整遊戲比賽機制，藉由孩子們能替隊上加分的動力，讓孩子有更多動機開口，參與其中。

「等一下我們再來討論公不公平這件事。妳先猜猜看為什麼老師要這樣做？」

「因為他們不會都不敢說英文，所以可以選自己會的回答，這我知道。可是為什麼可以一次加兩分？加一分也可以鼓勵啊！」妹妹猜對一半。

「很好耶，那妳再想一件事，為什麼英文課要玩比賽遊戲？」我提出第二個問題。

「嗯……因為這樣真的很好玩啊，不會覺得英文無聊。」妹妹中了圈套。

「對啊沒錯，那如果妳一直輸，妳還會覺得好玩嗎？會不會反而覺得自己很差呢？」

我繼續加碼：「不好玩的遊戲，還會讓妳想要學英文嗎？這樣的比賽是為了遊戲學習？還是真的要比出高下？」妹妹陷入沉默。

「妳有沒有發現，老師是在第三次玩的時候，才改遊戲規則？那是因為老師已經確定誰會了、誰還不會，所以用這樣一次加兩分的方法，讓他們不要覺得自己是害群之馬，他們也能有功勞，只要願意突破一點，就馬上幫隊上加兩分，不會讓同隊的同學覺得都是因為他們輸掉的。」我再多說一點，希望能釋疑最後的部分。

「喔，我知道了。這是遊戲，不是那種真正的比賽，媽媽，如果是真正的比賽就不能這樣，我們就要去抗議了。」妹妹回答。

「那是當然，我一定也會大聲抗議。最後我問妳，這樣加兩分的結果你們還是贏不是嗎？」

「對啊對啊，我們還是贏。」妹妹恢復一臉開心。

「為什麼？」這才是贏家要想的真正關鍵啊！

「嗯……因為我們就會更努力，很怕被加兩分追上贏過去。」妹妹回想過程。

「妳有沒有發現，你們那組專心地『拉大差距』，不想被趕上就要更努力往前跑，結果讓自己變得更好？」我把道理講得更完整一點，希望妹妹能體悟這點。

「對耶！這樣是『雙贏』。他們不會的人變成會、我們已經會的變得更熟更快！」妹妹此時完全釋然，竟然在馬路上大叫！

我點點頭：「這樣不是很好嗎？**公平不是只有表面上的喔，在英文班裡的『公平』應該是讓每個同學都有機會學好英文喔！**」

在孩子一生中難以避免地會有競賽和比較的情境，只是沒有人會是永遠的贏家或輸家，**面對輸贏時的「心理素質」，才是人生幸福的關鍵要素，沒有健康的觀念，贏了也不見得就能獲得快樂**。其實任何比賽競技都可以是種「享受」，享受專注的力量、享受比賽的過程、享受結識同好的緣分，能不被最後結果所制約的人，才能屏除不必要的壓力和干擾，全力以赴。

妹妹撥開了輸贏的雲霧、拋開了公平與否的迷思，我想下次的英文課，她應該體會更多箇中滋味，也會更有成就感。

家·長·的·日·常·反·思

· 比賽可以是一種樂趣嗎？

· 孩子看待遊戲的比賽結果和參加競賽的比賽結果有什麼不同嗎？

· 如果有，是什麼原因造成這樣的不同呢？

孩子，妳不必那麼完美

成為母親之後，這是第一次遇到「威脅感」最重的挑戰。

妹妹放學一出來見到我，迫不及待地展示手中卡片，告訴我今天同學送她「偶像學園卡」。我定睛瞧了一下，赫然發現這就是上次她路過玩具店時特別駐足翻玩的同系列卡片，還記得妹妹當時有跟我簡單介紹一下，雖然沒說要買要玩，但已經很清楚那些是什麼玩意兒了。沒放在心上的我，像是漏了一記好球般的懊惱，原來這件事情早有痕跡。

回家後，這幾張卡片被她反覆拿出來把玩鑑賞，每一個細節、服裝搭配、角色都不放過，班上有蒐集的同學們，她也個個如數家珍，最好的姊妹把卡片大方分享給她，讓她在團體裡也能插上幾句，不覺落單。

過了幾天，妹妹興沖沖地從懷裡再掏出另外三張卡片，得意洋洋地說：「這是今天祕密朋友跟我交換來的。」

光是「祕密朋友」這四個字就足夠讓我的神經斷線，好不容易強裝鎮定，繼續對話：

「為什麼是祕密朋友啊？告訴別人會怎樣？」表面漫不經心，其實我緊張得要死。

「她說不能告訴別人，可能怕麻煩吧。」

「那連我也不能說喔？我又不會去跟她換。跟我說是誰嘛……不然我來猜，這樣就不是妳說的了。」雖然這不是很好的方法，但是相對於想知道交換東西的朋友是誰，只好兩害相權取其輕了。

「好啦，告訴妳，是陳某某啦。」呼！原來是她！還好還好，沒事沒事。

「那妳是用什麼交換的啊？」我繼續追問，畢竟我們沒買什麼玩具可以換啊？沒想到這可打開了妹妹的話匣子。

「媽媽我跟妳說喔，我有觀察到陳某某可能喜歡我的色鉛筆，就是上次參加活動時別人送我的那組，因為她跟我借過好幾次，所以我就用那盒色鉛筆跟她交換，她果然就答應要換了。」她得意洋洋地跟我分享。

嗯，果然很有她的風格，觀察力入微也懂得投其所好，只不過……那一盒色鉛筆好歹也有十二色，竟然只換了三張？

於是接下來的時間，就是我們母女的「談判教學」實戰演練。我興致勃勃地說起阿媽以前教我的殺價哲學，妹妹又說了陳某某叫她「加碼」交換的回應，我又再針對「別跟著別人邏輯走」舉了很多例子，甚至最後還跟她說：「每個人每天心情跟運勢都不一樣，所以今天的交易她不答應，也許別天心情不同就會答應，談判切記就是不要急啊！」

也許就是因為我這麼認真地「傾囊相授」，妹妹回家後開始整理起雜亂的房間，看看自己手裡到底有多少「籌碼」，左看看右想想，整理出一堆準備交換的寶貝。事情當然還沒完，隔天放學，她回來告訴我，擁有最多最漂亮卡片的陳某某已經「看上」一兩樣東西，準備擇日交換。

看似輕鬆以對、開明對談，但其實這兩晚我心裡交雜著各種負面想法和擔心，也琢磨著各種做法和說法。在還沒有明確的方向之前，最好的策略就是按兵不動，不讓孩子降低開口討論的意願。

一切擔心，都來自於「這是我的孩子」

接著我練習面對自己的擔心：到底我在害怕恐懼什麼？又把這樣的事件投射成什麼行為呢？

——是的，孩子的確受到同儕影響。但這一定是不好的嗎？

——是的，這算是想要某種「物質」，是因為什麼需求沒有被滿足嗎？

——喜歡就代表接受「誘惑」嗎？

——她會因此沉迷其中，影響生活或價值觀嗎？

跳脫出「她是我的孩子」這件事後，事情立刻變得單純許多，而我心中的疑慮也因為這幾個問題變得清楚而具體，模糊的恐懼代換成幾個切割好的小任務，接下來，去找出適合孩子和自己的解答就可以了。

接下來幾天晚上，妹妹又花點時間翻箱倒櫃整理房間，把一些舊日收藏的寶貝們整理出來，鼓鼓的一小袋塞進書包裡。我藉著好奇裡面有哪些小玩意兒，趁機開口提起卡片的話題：

「哇，妳房間變乾淨了耶，妳在幹嘛？」

「我明天要去跟陳某某繼續換，這些都是她可能會喜歡的東西。」

「可以借我看一下有哪些嗎？」妹妹毫不猶豫地遞給我。

「喔，原來她喜歡這類的東西喔。等等，妳確定這個別針也要拿去嗎？我記得妳非常喜歡這個芭蕾舞者？」我小心翼翼地提醒她，也順便釐清心中疑問。

妹妹遲疑著沒有回答。

「我知道現在妳的最愛是卡片，不過妳有沒有發現，每一陣子最喜歡的東西會不太一樣？所以要好好跟自己確認一下，是因為卡片現在比別針重要，還是妳真的不喜歡這個別針了？」

「其實別針很漂亮，我只有想到陳某某一定會喜歡。」妹妹歪著頭跟我說。

「漂亮的東西大家都喜歡，妳要多想一點，如果交換了就拿不回來，這樣的話，是不是還是會維持原來的決定？以後有沒有可能對這個選擇感到後悔？」

妹妹沒想多久，立刻把別針放回房間抽屜裡。我分享孩提時期「蒐集某樣東西」這件事，其實自己小時候也會因為朋友們都在玩彈珠、塑膠片公仔而好奇著迷一陣子，現在回想起來也是種童年樂趣，那種和大家有共同話題、可以多聊聊瞧瞧的感覺，或許才是吸引人的原因。

妹妹後來也告訴我，她喜歡蒐集卡片的原因，是因為上面的圖案精緻漂亮，畫的又是服裝配件造型，還能自己玩配對，不過她沒有想要花錢儲值玩電玩，單純喜歡卡片而已。

聽著妹妹侃侃而談她的想法，看著她坦然的神情，**我漸漸領悟到擔憂也是一種不信任；我的潛意識裡假設她可能會這樣那樣，才會有這麼多的負面念頭**。即使屬於母親專有的杞人憂天仍然會定時發作，但我應該管理好屬於自己的各種念頭，才不會不小心定義了孩子而不自知。

心裡頭默默地說聲對不起：孩子，妳真的不必那麼完美。

家·長·的·日·常·反·思

・我們總是因為擔心而「負面解讀」孩子的行為嗎？

・為什麼我們一面相信「從經驗中學習」的說法，又一面如此恐懼孩子犯錯？

・孩子對抽象事物的感受經驗會不會因此被我們剝奪了呢？

用Line溝通的後遺症

好不容易躺在床上快要入睡，手機裡又傳來「Line」的訊息聲音，我睜開眼，趕緊把通知聲音關掉，沒想到卻瞥見好幾組的未讀紅色數字刺眼地掛在螢幕上，這下子我睡意全消，清醒起來：「到底發生什麼大事了？」

這一切當然都是「身不由己」。

抽查任何一個當媽的手機裡，絕對有「數個」跟孩子的學校、老師、社團、補習班，或是其他家長私下的通訊群組，不論我多奮力抵抗，仍免不了「大家都在群組，妳就別當漏網之魚、害群之馬，不然這樣很麻煩」的隱性壓力。

而安親班或才藝社團為了展現對「客戶」的服務熱忱，也開設群組，好讓家長們忙碌之餘隨時掌握孩子動態，出缺席報告之外還能傳傳即時照片；有些學校老師為了應付家長們層出不窮的問題，開群組保持溝通管道，當然也有老師不好此道，這時就會有「熱心家長」邀請同班學生的家長加入群組，希望大家互相討論、交換心得。

家長群組，加不加都是兩難

「加入」還是「不加」都令人為難。一旦加入，紛沓而來的訊息足以將人淹沒，又擔心已讀不回讓這些半生不熟的家長們誤會；若勇敢地說不加入，除了得擔心下次見面有人會直接問你是否沒看到邀請訊息，當然也得冒著「眾人皆知我不知」的遺漏風險，運氣不好點，說不定還會被冠上孤僻不合群的刻板印象，更別提什麼加入之後退出的想法，那簡直昭告全世界自己的不爽。

那麼群組裡到底在溝通些什麼呢？

很大一部分的家長，把學校群組不自覺地變成「孩子救火隊」：聯絡簿沒帶，請問大家今天的功課是什麼？明天的材料包要去哪裡買？我兒子的英文作業有句話抄得怪怪的，你們家的也是抄這樣嗎？老師，明天我們要請假；老師，運動會我家有事可以早退嗎？可以協助提醒我家孩子吃藥嗎？

若是付費參加的安親課輔班，那「功能」更是多了，除了是二十四小時取暖諮商專線，說不定還會轉發文章給大家「參考」，要是對老師的管教方法有意見，加上其他人東家長西家短的多嘴關心，很容易就成為一線戰場，一發不可收拾。

如果一看訊息卻發現是長串的個別問題，不免感到浪費時間很困擾；不過若改為從此不看，或久久才看一次，說不定就這麼遺漏了重要的訊息。於是媽媽們「低頭」的時間變多了，孩子看在眼裡，不抗議也很難了。

還抱怨孩子被3C控制呢，想想自己不也這樣？就算不是現實生活裡的「直升機父母」，那是不是這種「Line解決」父母呢？

即時通訊軟體的「誤用」與「濫用」，不僅讓正式的溝通管道失能，也容易造成資訊混亂、引發溝通危機，最重要的是讓孩子無法從生活事件中練習適應、解決，進而調整各種因自己行為伴隨而來的情境。

孩子們都很聰明，知道有這群組後，不但容易責任感盡失，說不定還會丟一句：「那你在Line問一下就知道了嘛！」

小心！Line群組帶來的負面影響

不想讓孩子養成依賴的壞習慣，最重要的就是事先與老師和家長們達成共識。老師的溝通必須優先採用「正式」管道，聯絡簿能溝通的事情，絕對不在Line裡討論，通知單來就通知單回，特別是事務性的聯絡或詢問，多半都有時間彈性，嚴格說來，除非是攸關安全的出缺席變動或是危機處理，否則沒有非現在講不可的事情。

至於孩子那些沒抄好的、沒聽清楚的、忘記帶的，就讓孩子隔天自己面對，才能從經驗裡修正行為。而這些「問題現象」同時也是一種提醒，讓我們了解孩子哪些地方還需要協助，而不是想辦法讓孩子成為老師心中的乖寶寶，但卻忽略背後發出的警訊。

除此之外，使用群組最容易被忽略的是「孩子的個人隱私」。不論是誰和誰吵架的人際衝突，或是孩子們的學習狀態，即使只說自己孩子的事，也無法確保其他家長或孩子不會看到訊息。身旁的朋友孩子就曾經親口跟我抱怨，有些家長允許孩子看自己手機，結果隔天班上同學就知道群組討論內容，讓這個孩子顏面盡失，一切祕密都攤在陽光底下！

即時通訊軟體並非萬惡。相反的，在舉辦活動或校外教學時，能夠發揮聯絡功能，讓即時的問題獲得解決；通訊軟體也能克服地理上的限制，讓更多人在一起討論獲得共識。然而現實上擁有許多溝通工具的家長們，是否應該想想開群組的目的與功能呢？

真想要多了解孩子在校或在安親班的情況，不妨安排適當時間，把想問的問題準備好，直接打個電話溝通，既省時、又能聽到彼此語氣，避免誤會，如果只是自己一時想起忍耐不住的話，也別用訊息干擾大家，時間不對就是不對，不會因為使用通訊軟體而比較體貼。

最有效率的溝通，往往都是最原始的型態，短字數的訊息絕非討論複雜問題的最佳之道，幾行字也不能說明孩子的全部樣貌。精簡手邊的群組，勇敢離開對話吧，**真正的溝通關心需要「花時間」，那是手機之外才能發生的事。**

家．長．的．日．常．反．思

- 若社群軟體已造成自己困擾，我們有勇氣退出群組，做出與眾不同的決定嗎？
- 在社群軟體裡，我們願意表達真正的心聲嗎？
- 如果有所顧忌而無法達到溝通目的，那又為什麼繼續留在群組裡呢？

第五章

永無止盡的學習之路

不同的孩子，就有不同的成功標準

妹妹暑期想要參加外宿十四天的活動，報了名之後卻又沒有把握自己能全程參與，眼看著出發日越來越近，從未離家外宿一天的她，心情顯得有些起伏，既期待活動內容、又擔心自己會想家放棄，終於某一天夜裡，她忍不住和我討論起這件事：

「媽媽，妳覺得我可以做得到嗎？」

「我不是妳，我不知道，但是當妳要我報名的時候，妳應該覺得自己有可能成功，對嗎？」

「那這次怎麼樣算失敗？」原本躺在身旁的妹妹翻身坐起來問我。

這真是個好問題。什麼叫做失敗？

離家兩天就想家，就叫失敗？

晚上躲起來哭，是失敗嗎？

請爸媽中途來接回家，算不算失敗？

還是活動項目也得算進去，比如說：學不會衝浪、手工藝沒做好？

「我好好想一下喔，給我一點時間。」我對盯著我瞧的妹妹拖延一下時間。妹妹想知道我對這次活動失敗的定義，也代表著她很在乎我的看法；但她的問題簡直是大哉問，直接觸碰事情最重要的核心，我得小心回答。

接下來的十分鐘，腦海裡不禁回想起過去妹妹人生中幾件「突破」心魔的大事：一開始是自己獨立上課，接著是開口表達情緒，再來是練習上台、憋氣戴蛙鏡、勇敢邀請同學做朋友……這些其他孩子輕而易舉就能辦到的事情，在妹妹身上卻是走得「步步艱辛」。

歸納幾次過去成功的祕訣，做父母的只需做到「把眼光放在自己獨一無二的孩子身上」，唯有如此，孩子才能心無旁騖地「打怪」，集中力氣在眼前的挑戰，而無須去承受父母的得失心或面子而引起的各種情緒。

孩子獨一無二，成功的定義也是

因此，我們不會把同樣的成功定義套用在孩子身上，而是根據孩子的現況「量身訂做」當下適用的任務。我們暫時看不見其他孩子的成功，因為每一個人的起點都不同。

「ㄟ，我覺得只有一件事算失敗，其他都算成功。」我打破沉默回答妹妹。

「真的？是什麼？」

「就是妳那天上不了火車就想回家，只有這件事算失敗，只要當妳自己坐上火車、門關起來的那一刻，就已經是成功了。」

「為什麼這樣就算？」妹妹似乎認為標準太低，顯然不滿意我的答案。

「因為跟爸媽道別的那一刻最難，而當妳坐上火車之後，妳就會開始專心活動，一步步地完成下一件事，接著妳會發現好像沒那麼困難，也從中得到很多樂趣，不知不覺時間就過了。」我一副對她很有信心的樣子。

妹妹有點半信半疑。「那如果中間我真的放棄回家，這樣也算成功嗎？」

「總共兩個禮拜，如果妳只能外宿五天，那就是成功五天，不是嗎？」

「可是要是其他小朋友都能十四天呢？」

「可是妳的挑戰是從零到一，他們可能是從一到二，從五到六，每個人的挑戰不一樣，為什麼都要用十四天來算呢？」

這就像下象棋，每個人走的功能不同，步數不同，怎麼會都去吃帥呢？

「那麼妳自己覺得呢？怎樣算失敗？」我反問妹妹。

「我覺得十四天都完成才是成功。」妹妹尚未擺脫想跟別人一樣的想法。

「那……依照妳的說法，如果妳失敗了呢？」

這次換妹妹沉默，沒有回答。

「妳想努力跟別人一樣也很好，這說不定就是妳的動力，妳只要知道我對這件事的看法就好。早點睡吧！」

活動期間貼心的老師們傳來照片，對怕水的妹妹而言，最大的挑戰就是衝浪活動，她是整群小朋友裡少數一兩個無法成功站立的人，但是照片裡的她全身濕透、在海中臉上帶著笑容，絲毫不受影響，甚至拿掉了蛙鏡、用手抹去鹹鹹刺刺的海水。

不是表面安慰，而是真正肯定孩子的努力

在寄回來的家書裡，妹妹透露大部分的同學都成功了，也作了一首打油詩告訴自己不怕不怕，我們讀著她的字句，深深體會那「失敗」背後其實是巨大的突破，她能覺察恐懼、克服原本的心理障礙，然後依然照著自己節奏享受當下。

這個「無法顯現於外」的成功，只有獨一無二的爸媽能用心看見。

我一向不喜歡慶祝失敗這種說法，沒有努力看見孩子背後付出的過程，反而聽起來像自我感覺良好的安慰劑。身為父母應該打破「單一」的成功標準，協助孩子訂定階段性的挑戰，這種成功不僅獨一無二，更來得貨真價實。

家·長·的·日·常·反·思

- 如果我們想替孩子重新定義成功，需要了解哪些資訊？平日對孩子的觀察是否足夠？
- 或者我們也請孩子自己擬定目標，再互相比對一下，兩方的差異又代表著什麼意義呢？

是學習？還是「集點活動」？

不知從何時開始，「學習單」似乎變成一種學習的「證據」。越來越多的博物館、園遊會活動，紛紛設計闖關集章的學習單，集滿各攤位點數就能兌換小獎品。也許是因為民眾反應熱烈，老師家長們也很喜歡，連教育單位甚至學校也開始複製這種模式。

一時人來瘋的氛圍容易讓人失去戒心，總覺得「順便」換點小獎品也不礙事；或者蓋了一兩個章之後覺得心有不甘，乾脆完成闖關比較划算。不論是哪種心態，我們都容易被自己的心態引導，不知不覺地參與完整場遊戲。也許每次回家後翻看小獎品，大多品質不佳或是濫竽充數，真正堪用的很少，這時說不定就有點懊悔花了那麼多時間在這上面，但對這個活動卻沒有留下什麼記憶。

捨本逐末的心態，讓學習變成集點活動

有一次，我和妹妹逛書展，只見一群國中生為了集章蜂擁而至某個攤位，攤位的負責人秉持著「鼓勵」心態，將原本設計的猜謎或是尋找答案的任務簡化成同一個問題敷衍了事，大夥兒皆大歡喜地統統蓋章，繼續往下一個攤位前進。我好奇跟著移動過去，卻看到同學們一人手上拿著好幾張單子，蓋的時候毫不客氣也不扭捏，反正主辦單位也不在意，獎品可能是贊助商的，最後參與人數的統計數字也想多一點，於是你情我願地合演完這齣學習大戲。

以上場景也不限於學生而已，不少大人們「以身做賊」，甚至還會叫身旁的孩子也如法炮製，彷彿蒐集各攤獎品才是關鍵，卻不知在孩子面前展現的是貪

婪、不誠實，已經做了最壞的示範。

仔細想想，這和便利商店集點加價換獎的本質並無太大差異，運用一點人性中貪小便宜的弱點，加上看熱鬧不輸陣的心態，就很容易讓我們暫時失去判斷能力，或者說服自己其實沒花什麼力氣，事實上，我們損失的卻是更多無形的東西。

特別是在教育活動上，「集點學習」要拿捏得宜，是非常不易的，這些「無形」的東西可能是寶貴的時間、學習動機，甚至是誠實的心態。

學習的過程，需要更細緻地體驗

去年參加中研院的OPEN HOUSE活動，豐富多元的活動讓人眼花撩亂，一天的時間不多，我和妹妹事前做功課，挑選最感興趣的幾個院所活動參加。其中妹妹最喜歡的一個院所發放學習單給我們，我們依著參觀動線前進，最後到了闖關活動場地：

「媽媽，我可以不要參加闖關活動嗎？」妹妹看著滿滿的排隊人潮立刻問我。

「當然可以不要參加，不過原因是什麼？」其實我看到隊伍也想打退堂鼓。

「其實我只有對第一關跟第三關有興趣，其他兩關我不想玩。」妹妹補充說明。

「喔，好啊，那就玩這兩關，我們沒有一定要換獎品，另外兩關，排隊的時候妳觀察一下，看看是不是跟妳想的一樣。」我們進了排隊人潮。

第一關結束，我們跳著前進第三關，在等待的時候，妹妹又開口：「媽媽，好多人在排隊，等一下我玩的時候是不是要很快，不然後面的人會一直趕？」

「嗯，我想妳慢慢玩沒關係，我們可以跟旁邊的叔叔說需要多一點時間。」我很心虛地回答，畢竟後面的人虎視眈眈，好像認為看過這麼多人玩過，應該能很快作答，節省過關時間。同一時間，我也聽到後面的母子正在討論，媽媽跟孩子解說這關的「破關訣竅」，說穿了，就是背答案的意思。

輪到妹妹，她自己摸索著答案，花了多一點時間過關。我們再次確認其他兩關沒有興趣之後，立刻前往其他院所。

有時候活動為了迅速消化人潮，必須設計「簡化」過的遊戲流程，但這絕對會犧牲一些學習過程，也必須篩選學習內容。漸漸地，活動攤位反而會讓有興趣研究的孩子感到無聊，或是根本無法停留多做互動，只能淪為簡單的你問我答記憶性知識，或是淺薄的操作體驗，就算讓原本沒有興趣的人摸到皮毛，卻仍然無法引起任何學習動機。

這些體貼好意在粗糙表面的執行過程中，變成扼殺學習動機的共犯機制，而最無感的失去正是你我寶貴的時間。

這些排隊、闖關集章的時間，孩子們可以去尋找更多自己喜歡的事，或是專心沉浸在某個學習過程裡，不必消耗在看似熱鬧卻無意義的活動中。**這些表面上的學習樣板，往往才是讓孩子養成壞習慣的原因，關於那些不求甚解、只求捷徑、表面花俏卻不願下功夫的各種弊病，難道真的不是我們造成的嗎？**

回頭思考學習的初衷，重新設計每個珍貴的「接觸點」，闖關機制與模式不是問題，問題在於我們要怎麼正確地使用這樣的引導方式，而不是為了達到大人世界裡的ＫＰＩ而已。

家．長．的．日．常．反．思

・學習的樣貌到底是什麼？一定要有具體結果才算是「學到」東西嗎？

・沒有學習單，我們還有能力吸引孩子參與活動嗎？

・沒有學習單，孩子是否還有能力從各式活動裡開啟自己的學習雷達呢？

別急著給，當「夠好的媽」就已足夠

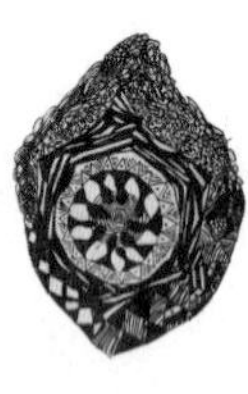

當孩子對父母的給予不置可否

前陣子，和孩子的關係突然有些彆扭，原本意見很多的妹妹，回答「我不知道」的機會比以往頻繁；有些問題，不知道是理所當然，剛好也能藉此討論或一起找尋答案，不過當問題比較抽象，特別是關乎自己的興趣或喜好時，妹妹的反應比以往顯得遲疑許多，有時還帶點賭氣。

這讓我不免擔心，妹妹會像很多人一樣，到最後只知道自己「不要」什麼，卻不知道自己要什麼。小時候依據「直覺式」的感受來回答，感覺很簡單，但隨著年紀越來越大，「干擾資訊」越來越強，反而真正心裡的答案逐漸模糊不清了。

猜想歸猜想，做個實驗試試看就知道。

首先做的第一個改變，就是不再為她「預先規劃」任何物品、書籍和活動。以往我可能固定每段時間就會逛逛書店、挑挑繪本，上網看看有哪些展覽或有趣課程，還會事先揣測她的興趣，當然也包括「存心置入」一些她「不一定喜歡」但「試試看說不定會中」的有心試探，好吧，還有一些我承認是自己喜歡、拉著孩子作伴的課程。後來想想，又加上不主動添購衣物用品這項。

總之，媽媽這些「熱心」、「慈愛」的行為一律停止，這些改變暗中進行，才進行一個多月，首先最大的好處就是讓我放鬆不少。

那麼，孩子有感受到什麼變化嗎？其實她「一點感覺也沒有」。衣服怎麼穿就撈那幾件、可以重複讀那幾本書不厭倦，雖然會想出去玩但走出家門即可，到巷口去找野貓、摸店家的狗狗，不催她的話也能玩一下午。

讓孩子建立個人的生活風格

這證實「媽媽很忙」有很大一部分是自找麻煩，孩子的物質需求和照顧遠比我們想像中的基本，「重要的事情都是看不見的」——沒想到小王子這句話也能在此印證。把時間用在專心聽孩子說話、陪孩子聊天遊戲上面，他們的滿足足以取代很多玩具電視，這真的是省錢妙招。

時間進入第三個月，妹妹突然告訴我：「媽媽，褲子變緊了很不舒服，可能要買褲子了；還有襪子變鬆會一直掉，我覺得很不舒服，可能也要重買。」

「媽媽，最近有什麼表演嗎？好久沒看了。」

「媽媽，畫畫筆有幾枝沒水了，明天放學可以去文具店補幾種顏色嗎？」

「媽媽，圖書館有本書很好看，可是只能借一個禮拜，我們可以買那本嗎？」

「媽媽，家裡的樂高要不要拿去送表弟，以後也不要買了，我其實覺得沒那麼好玩」……

我漸漸發現，少掉我自以為是的「細心呵護」，她有更多機會從生活中感受自己的身體、自己的需要、自己的欲望……**她不是過著「我準備好的日子」，而是屬於她「個人風格」的生活**。

每一個孩子自己建構起來的小細節，都充分展現出這段時期她的變化和興趣。舉例而言，圖書館的書每個禮拜都借，卻只想買某一本，那一本就是她篩選過後，目前最感興趣的事；等能玩的能做的到達某個程度後，自然會產生對其他事物的需求，等孩子開口時再和她一起規劃，那真的是為人父母的一大樂事而非親子衝突。

自此之後，我們也不需要再討論穿衣問題。她覺得天氣冷暖跟她有關，早起時伸手去窗外感覺溫度，睡前會要我們查天氣預報，了解二十六度和二十度的差別。雖然偶爾還是會嫌我頭髮綁高了、為了哪撮瀏海翹起來了而生氣，但是她已經懂得準備好工具（各種大小和材質的橡皮圈及髮箍）搞定自己。

我很後悔沒有早點這樣做，也許四歲後就能開始漸漸讓她練習，這是最自然碰觸到自己感知的方式，也可能是最早的探索學習。

想當「最好的媽」的心態，讓我自己患得患失又疲累不堪。反當我們進行「減法」生活，把所有「加法」的機會都留給孩子時，他們才能有空間和時間去分辨自己的興趣和需要。當個「夠好的媽」就好，其他時間就等待孩子自行消化資訊、反芻生活，否則他們光是應付「最好的媽」就焦頭爛額，哪來的時間了解自己呢？

家・長・的・日・常・反・思

- 回想一下，自己從什麼時候開始獨立生活、打理一切細節？
- 處理和決定這些生活雜事，會產生什麼特別感覺嗎？
- 當時的我們喜歡這種感覺嗎？
- 這些看似瑣碎的生活日常，能幫助我們變得更獨立嗎？

我只能跟妳一起傷心

「媽媽，怎麼辦？我不能沒有它，我好傷心，我停不下來。」妹妹在捷運站裡放聲大哭，弄丟心愛的布偶讓她瞬間崩潰。

「我也不能做些什麼、我也不能改變事實，只能跟妳一起傷心。」時間過了半小時，妹妹情緒仍不見緩和跡象，筋疲力竭的我默默吐出這句話。

那一天，我體會到同理心的極限。再怎麼同理他人，也未必真能體會他人感受的十分之一。

出了捷運車廂上電梯，原本我和妹妹還說說笑笑，不料她往口袋一摸，發現最心愛的布偶鼠不見了，臉色大變，立刻就嚎啕大哭起來。一向很怕引起別人注意的她，自責和後悔的情緒交錯出現，一發不可收拾，竟然完全拋開平日自制的個性，越哭越大聲，嘴裡不斷說著對布偶鼠的抱歉與懷念，甚至覺得自己今晚無法入睡、明天可能也沒辦法專心上課。

牽著她的手沿途回去月台和手扶梯尋找未果，這一路上的音量不僅未減，反而讓她憶起每一個可以避免失去的機會，更加懊惱；我承受著眾人好奇、懷疑的眼光，坦然地環顧四周，不時說出幾個關鍵字讓別人能猜到大致情況，以免真的旁人去找警察來就麻煩了。

等到該做的努力都做了，我只好小心翼翼地開口試探：也許我們可以想辦法再買一隻？話還沒說完，就立刻被更強的哭喊打斷：「它是獨一無二的，誰都不能取代它。」此時此刻，我的腦袋一片空白，緊緊握著她的手，任她伏在我身上哭，甚至還會氣憤跺腳，看來剛剛的安慰都無濟於事。

孩子有自己的傷心，也有自己恢復的步調

當下的我，情緒看似平靜，實則錯愕，因為我怎麼也無法體會丟了一隻小小玩偶的悲傷竟如此龐大，情緒強度超乎我的想像範圍，思緒像是突然斷電一樣，理性邏輯統統失靈，什麼伎倆也派不上用場。

我切切實實地感到無力，原來這就是「最遙遠的距離」，無法體會孩子百分之一的感受，這擺在眼前的事實讓我備感挫折。

我以為我們很親近、我以為我很能懂她，原來我沒有，原來我不能。一隻玩偶戳穿了我的膨脹自大，如果人生中不只是這件悲傷滋味，那麼過去和未來還有多少是我無法感同身受的？

或許是當下的領悟讓我變得比平常柔軟包容，我心疼地等著她自己經歷這過程，**唯一能做的，是找個地方讓她盡情發洩**。我們離開捷運站，站在十字路口的人行道邊，綠燈亮了也不過，呼嘯而過的人車喇叭聲是最好的掩護。

此時我們各有心事，城市的噪音竟讓人感到冷靜一些。我回想起以往會用「過來人」的姿態安慰孩子，告訴他們「這不算什麼、這一點都沒關係」，原來

這輕描淡寫的言語中充滿著不耐和不屑，完全沒有和孩子的心連結在一起。

好不容易慢慢恢復平靜的我，對著仍抽抽搭搭的妹妹說：

「妳還記得家裡其他的玩偶嗎？」妹妹點點頭。

「我猜它們應該也很傷心難過。」

「啊？為什麼？」妹妹頓時停止哭泣，抬起頭看著我。

「因為它們也很愛妳啊，看妳這麼難過，一定也高興不起來，就跟媽媽一樣。而且最近妳都一直跟布偶鼠在一起，很久沒跟大家說說話了，我們應該要好好珍惜身邊擁有的，對嗎？」

「對，媽媽，我們趕快回家，我想跟大家抱在一起懷念它。」妹妹重新牽起我的手。

靜靜陪伴，是最好的處方

好不容易慢慢往回家方向移動，這中間我們都沒有再說話，她有時停止哭泣、有時又突然激動起來，我看著她滿是淚痕的小臉，想起曾經也在街上這樣不顧一切哭過的自己。

那時的我，覺得世界上誰也不能了解自己的心情。

那時的我，很希望有人就這樣陪我一直走著不要停。

誰也不能阻止任何傷心迎面向我襲來，我感受到自己一分一寸地被撕裂，但也一點一滴地恢復起來，原始生命力帶領著我領悟自己的堅強和脆弱，我驚訝地看著另一個充滿韌性的自己隨著時間逐漸成形，興奮得像是重生般邁開步伐大步向前。

如果現在就能感受無能為力的失去、竭盡所能的傷心，也許妹妹會早點發現更多面向的自己吧！我這樣想著。

還有，我是多麼幸運，妹妹「第一次」失去摯愛的時候，我就在她的身邊呢。

家·長·的·日·常·反·思

・若我們的經驗不足，真的無法同理他人的時候，還能做到尊重與包容嗎？

・若別人無法體會自己痛苦時，我們又希望別人如何對待我們呢？

・回到孩子身上，我們可以有更好的做法嗎？

誰說一定要笑？哭也很有力量

這學期，我們加入了自然觀察團體，每週花一個下午固定到台北近郊的山麓、步道探索，帶隊老師並不侷限這群孩子的可能，上週心血來潮的就帶孩子走條祕道衝到七星湖。

雖然妹妹腳力一向很好，但是謹慎小心，動作也不算敏捷，跟著隊伍較快的節奏難免有些吃力；加上硫磺味重、與身高等高的箭竹堆很刺手，芒草堆也會掃到眼睛……當這些外在環境的「不舒適考驗」全部一起出現的時候，我心裡大喊不妙，這下子高敏感的妹妹一定會吃不消。

果不其然，就在坡度越來越大的時候，妹妹哭喪著臉，開始唉唉叫：

「媽媽，什麼時候才會到？」

「媽媽，我的眼睛很不舒服。」

「媽媽，味道好臭我好想吐。」

「媽媽，我快沒力氣了，可以休息一下嗎？」

在山稜線上，當然不能就這麼隨意停下休息，我們跟著隊伍繼續走，心志面臨崩潰的妹妹忍不住快哭了出來。說實話，跟在後頭的我自己也有點吃力，滿身大汗不說，腳踝舊傷隱隱作痛，不知道盡頭在哪裡的感覺，的確考驗著意志力。

允許孩子軟弱，就能走得更遠

臉皮特別薄的我此時也覺得不好意思起來，雖說每個孩子特質不同，但是也沒聽到其他孩子「唉」得這麼大聲，頂多只是一直追問老師到底還要多久而已，妹妹的脆弱表現此時讓我心裡備感壓力。

突然間，走在我前面的妹妹在一處落差大的地方滑了一跤，成為壓死駱駝的最後一根稻草：「媽媽，到底要走去哪裡啊？」妹妹哭了出來。

「我也不知道，現在只能跟著隊伍，加油，我們繼續，別再哭了，哭會消耗妳更多力氣。」我盡力維持口氣平穩。

「為什麼我不能哭？」妹妹竟然開始發起脾氣來。

「因為妳剛說快沒力氣，哭也會讓眼睛看不清楚，不是更危險嗎？」心中警報拉起，我拚命叫自己千萬別失控，否則只會雪上加霜。

「可是我就是要這樣哭才能繼續走啊！」妹妹丟下這句話後回頭往前跟上隊伍。

我大大呼出一口氣。原來如此！**妹妹必須沿路丟棄情緒垃圾，才能減緩心中壓力，哭叫不代表放棄，發洩之後才有能力面對種種挑戰自己的考驗**。因為現場沒辦法按照自己的節奏前進，也無法適時休息，那麼這樣邊走邊抱怨、邊抱怨邊流淚，似乎也是一種允許自己軟弱的表達方法。接下來的我，心頭輕鬆多了，其實孩子沒有要我解決什麼問題，於是我悶不吭聲地聽她一路碎唸，隨著最困難的路段過去，妹妹的情緒也漸漸平靜下來。原以為她真的沒力氣了，沒想到到了目的地，休息一會兒吃吃東西之後，她一路蹦跳下山，再也沒有抱怨。

「哭」就是力量

回家路上我一直在想，為什麼平常鼓勵孩子表達情緒和意見的我，卻無法容忍她的哭聲和抱怨？為什麼我「不喜歡」她的自在表達呢？一向愛面子的她竟然毫不在意他人的眼光，那我又在意什麼呢？

差一點我就因為自己的疲累和顧忌面子而犯了錯。

哭泣的當下，就是孩子觸碰到自己困難、脆弱的時刻，身為父母的我們應該感到欣慰，我們正在孩子身旁，而且又多理解了孩子一點。最重要的是妹妹哭泣抱怨時並未打算停下腳步，若下次遇到困難打算放棄的時候，才是我們出手協助的好時機吧。

「哭」也可以是種力量。想通了這些道理，下一次，乾脆我也一起拋開自尊面子，痛快地放聲大哭吧！

家．長．的．日．常．反．思

．我們有多久沒哭了呢？是因為我們不曾感到悲傷，還是我們已經失去哭的能力？

．我們曾讓孩子看見自己的脆弱嗎？孩子反應又會是什麼呢？

轉換身分，讓孩子學習接受批評

你一定聽過長輩們這麼感嘆：「這年頭養孩子變化太大了，我們只能說好聽話，念都不能念一句，這孩子以後長大該怎麼辦？」

雖然這句話有些誇大，卻也如實反映出鼓勵讚美教養風潮的「副作用」；當大人們說話的分寸一拿捏不好，太多無意義的讚美就像是令人上癮的糖衣，反而讓孩子無法聽進批評建議，也害怕失敗後無法得到讚美，甚至引發更多情緒問題。

我猜想，有陣子妹妹大概也中了毒。個性一向溫和的她，開始在家展現「暴衝」的一面，任何作品不論是畫作、寫字、捏黏土、搭積木，只要自己稍有不滿意，便勃然大怒，更別提其他人要是給了什麼建議，一定立刻親手摧毀作品丟進垃圾桶，這時候，情緒一發不可收拾，誰再說什麼好話也沒有用。

好不容易等她脾氣發完，我立刻把握時機開口：

「妳剛剛很生氣喔，到底在氣什麼啊？可以告訴我嗎？」

「我氣自己沒弄好啊，看了就很討厭。」

「可是……不是稍微修改就可以了，為什麼要整個都毀掉？其他地方做得那麼漂亮，很不容易耶。」我小心翼翼地說出真心話。

「我不想修改，重做就好了。」妹妹依然堅持己見。

「重做也是可以，但是妳每次重做時都好生氣，結果連第一次漂亮的地方也都做不出來了，然後就說想放棄。妳想想看是不是這樣？這是妳要的結果嗎？」

當時妹妹聽完並沒有說話，我也先點到為止，然而這個現象卻一直在我心中徘徊不去。難道過多又空泛的「好話」真的助長了妹妹原本好強追求完美的個性，讓她無法面對任何失敗？

緊接而來的思考是：也許妹妹並不知道「失敗」與「建議」的差別和關聯？

學習接受不完美

終於有個好時機。當新聞播出北投女童的不幸案件後，我寫了一些文章放在部落格上，希望提供給家長一些「情境題」，和孩子一起討論如何才能保護自己安全。撰文完畢後，才發現要找張適合的照片非常困難，我靈機一動，不如這次就「雇用」妹妹畫圖幫忙。

孩子隨心所欲地畫是一回事，設定主題的創作又是另一種能力，不過這的確是個好機會「公事公辦」、「就事論事」，況且文章原本就有設定對應的情境，多少有客觀的判斷標準，說不定妹妹可以從這裡練習看看接受修改的建議。

我把妹妹找了過來，簡單說明文章的內容後，開口聘請她工作：

「……我有這個機會請妳跟我一起工作嗎？一張圖我願意出五元，不過必須要真的符合文章情境喔，我們會一起先討論再畫，但有可能會修改，妳願意嗎？」

「好啊，我可以幫妳，不用算錢了啦。」妹妹一口答應，而且不想拿酬勞。

「這五元代表的是工作的承諾和專業，我們一起工作的時候，我就不是妳的媽媽，而是妳的『客戶』，我一定會請妳修改，讓圖更符合文章內容。這跟妳畫得好不好沒有關係，只跟是不是客戶需要的有關係而已。這樣妳了解嗎？」

妹妹點點頭。我繼續說明：

「我是媽媽的時候，我的孩子不論畫什麼，對我來說都很珍貴。但是別人沒有這樣的情感，每個人都有自己的喜好和判斷，別人有意見或批評，可以自己偷偷想一想，有沒有可以讓自己更好的地方，但媽媽並不是要妳在乎別人的評價，因為不可能讓所有人都喜歡妳的畫，這樣懂嗎？」

「嗯，大概懂妳的意思。不過只能修改一次，可以嗎？我不想一直改。」妹妹也毫不含糊地開出條件。

「一直改，就代表我們不懂彼此的意思，需要重新調整而不是一直修改，我同意只有一次修改權。所以現在妳是小小插畫家喔，一天一則，六日放假，ＯＫ？」

學習讓工作不被心情影響

第一天，一次順利完稿，第二天的稿子我覺得有點勉強，但又說不出哪裡該修改，妹妹看我猶疑不定，沒自信的她馬上說：

「這張妳好像不是很喜歡，不要算錢好了。」

「我的確沒有那麼喜歡，總覺得好像少了什麼，但是也說不出來，這是我的問題，跟妳沒關係。我會用這稿子就應該要付錢，妳要記得，除非妳改不出來，否則不管客戶喜不喜歡，有使用就是要付費。這也是一種尊重。」

不知道到底妹妹聽懂多少，總之第二篇稿子也上了。

到了第三天，這位小插畫家說：「我今天沒有心情畫，可以改天再交嗎？」

「不可以，這樣會拖到我的進度，說好一天一則，現在才五點多，妳可以晚上八點前完成就好。」

「為什麼？畫家也有畫不出來的時候啊？」妹妹拉長臉抗議。

「對啊，所以靈感來的時候可以多畫幾張存著啊。我知道那種感覺，我也有寫不出來文章的時候，但是要自己管理進度。今天文章我已經寫好了，我是妳的客戶，這樣妳會害到我喔。」

「厚，很討厭耶！」妹妹哀號。

「所以現在妳應該想想，該怎麼讓自己有畫畫的心情？我們來吃冰淇淋？還是妳想出去走走？我陪妳！」這個插曲其實很有意義，轉換心情真的很重要啊。

為了讓她在「沒心情」的時候順利完成工作，我就「作弊」一下，故意挑個比較簡單的主題，果然也一次完成。不料第四天的主題讓妹妹踢到鐵板，交稿前她自己就已經重畫了兩次，最後交出的版本，我仍然覺得有個小地方很彆扭，雖然心裡擔心她早已耐性盡失，也只好硬著頭皮使用「一次修改權」：

「抱歉，可以請妳稍微修改這個地方嗎？電梯按鈕應該有顯示樓層的地方。」

「有嗎？我出去看看。」妹妹打開大門瞧了一眼。

回來後動動筆交還給我。「好了。」

「謝謝。可是……算了。」我把話吞了下去。

「怎樣啦？快說。」

「我覺得妳加完之後，這邊變得好擠喔，但是我已經用完修改權了，而且妳今天畫很多次很辛苦，暫時先這樣好了。」我誠實地跟她解釋。

妹妹保持沉默，似乎自己也在掙扎。

「媽媽，這個地方很擠，已經沒辦法修改，只能重畫。但是我應該只能再重畫一次了。」妹妹打破沉默，意外地給我這個答案。

「好，謝謝。那為了讓妳一次成功，我們現在可以重新討論哪些要保留，哪些可以順便加強嗎？妳越來越像真正的插畫家了。」

趁妹妹洗澡，我把資料上傳完畢，放了五元在她桌上。**這五元不僅成功轉換我們之間的身分，也讓我們抽離自身感情，更客觀地練習討論事情**。我扮演客戶，就必須做到需求表達清楚、給予足夠的時間和信任，但是對於工作的規律不能輕易妥協；而妹妹第一次嘗試把興趣當作工作，這可不是情境式的體驗活動，而是必須管理情緒、時間以及創作品質的練習。

最重要的是，切換回母女身分後，鼓勵和讚美的內容比以往來得更具體、更有意義，不會永遠只是空泛的「妳畫得好漂亮」，而是能舉出她工作的專業表現與自我情緒的管理，這樣的回饋顯然讓妹妹睡得更香甜，也表現得益發自信。

當然，我也放下了壓在心上的一顆大石。孩子不是不能接受批評，而是需要理解不同身分的期待和具體清楚的建議說明，孩子不會因空泛的讚美感到自信，反而需要不帶評價的中肯建議，那樣的大人才能讓孩子備感信任，同時引領他們不斷地自我突破。

家·長·的·日·常·反·思

- 檢視孩子身處的環境和接觸的大人，每天聽到的讚美比較多，還是批評比較多？原因是什麼呢？
- 大人們說的讚美或批評之語又有多具體？孩子從中能獲得什麼訊息嗎？

別讓「有用」毀了閱讀的樂趣

自從「提倡閱讀」成為台灣教育的重點政策後，「讓孩子喜愛閱讀」就是台灣家長的重大焦慮來源之一。從學齡前，圖書館就開始推動「閱讀起步走」，提醒爸媽親子共讀；上小學後，閱讀心得單和各式閱讀卡、閱讀存摺集點活動更是每週必寫，專家學者也一再強調閱讀力會影響將來的學習成效……但是，家長明明已經和學校老師「裡應外合」，也聽從專家建議在家布置閱讀角落，怎麼還是不見孩子愛上閱讀，一本接一本地陶醉在書香世界裡？

別懷疑，我也曾有過這麼挫折的心路歷程。

從妹妹兩三歲開始，我們就有睡前的說故事時間，每週固定和孩子到圖書館挑書借書，或者買自己也喜歡的繪本跟她分享；妹妹習慣這樣的生活模式後，晚上會主動捧著繪本來找我，讓我誤以為她對書的興趣也很濃厚。

上小學後，一開學，老師便發了黃色的閱讀學習卡，規定一週最少閱讀幾本，並獎勵集點拿獎狀。一開始妹妹還興致勃勃地趕進度，想提早獲得榮譽，但很快地，一兩個月後就索然無味，除了老師規定的本數之外，再也不會主動拿書，閱讀的情況急轉直下。

原本我還不以為意，猜想或許是橋梁書的字數突然變多、需要一點時間適應。然而隨著時間一天天過去，也不見改善，甚至有天妹妹竟然為了寫「閱讀心得單」鬧彆扭，正式跟我開口說「她不喜歡閱讀」。

這消息有如晴天霹靂，打碎我自以為是的閱讀大夢。我急忙探究原因卻也問不出來，只好開始亂猜：也許是書的內容不合胃口？字數過多負擔太大？甚至特意邀請妹妹玩手工書、做小故事本，不料統統被「識破」打了回票。

一切該做的都做了，仍不見起色，讓我心情低迷了好一陣子，百思不得其解到底哪裡做得不夠，直到那天在書店兒童區的這段對話，讓我靈光乍現。

「媽，我可以買書嗎？」一位看起來像中年級的男孩開口。

「可以啊，喜歡看書是件好事，去挑去挑。」

過了一會兒，孩子興沖沖跑來。

「我選好了，就買這三本。」

媽媽接過三本書，隨手翻了一翻，對其中一本眉頭皺了起來：

「弟弟，這一本是在講什麼啊？」

「喔，這本很特別，是在寫一隻會寫詩的小松鼠。」

「啊？好奇怪喔，裡面有什麼科學還是生物知識嗎？」媽媽問。

「沒有……」我看到男孩失望的表情，大概他已經知道後續發展了。

「那去換一本吧，這種好笑的書圖書館借來看看就好，去買一些有用的書。」

喔！難道就是這些「有用的書」把我的孩子擋在閱讀的門外？

說好的「你喜歡就好」呢？

我回想起自己常掛在嘴邊的一句話：「妳喜歡看就好，什麼都可以」，既然這樣，怎麼還會有孩子不愛閱讀？

說歸說，也許實際上我們也不如自己說的開放，孩子的選擇沒有想像中的多。

不論是網路還是實體書店，各種「實用」讀物總是熱賣暢銷；為了讓孩子樂於學習、熱愛閱讀，我們費盡心思把各種「學科知識」透過漫畫、偵探、搞笑、擬人手法「置入」其中，甚至搭配發行DVD、卡通、人偶、APP應用軟體，各種「重口味」的學習方式，只希望能成功塞給孩子對考試有幫助的「書」。

走進任何一間圖書館，傳統索書號的分類方法無法幫助孩子快速找到有興趣的主題，若孩子沒有尋找既有的分類主題（如：恐龍、昆蟲、歷史人物），那麼想要在茫茫書海裡找到自己「喜歡的書」不是容易的事；當孩子正在摸索興趣、培養閱讀喜好的時候，找不到自己有興趣的書，就成為第一個挫折孩子的原因。

比如說：喜歡畫畫、喜歡車子的孩子該怎麼找書？孩子有多少的耐性一本一本尋找？尤其是學齡前或低年級的孩子尚未熟悉電腦打字，根本不可能有效率地搜尋特定主題。

若再加上「功能性閱讀」成為主流口味，讓出版社變本加厲地偏好出版某種類別，更多孩子便失去了建立自我閱讀品味的機會。這些課外讀物其實跟課本相差不遠，即使某些孩子看似熱愛閱讀，卻也可能漸漸失去鑑別內容的能力，導致嚴重的資訊偏食而不自知。

閱讀單和心得單的副作用

另外一個關鍵則是學習單、心得單這些「外在推力」的出現。

尚未有這兩樣作業出現前，閱讀是很自然的行為：隨心所欲地讀、想讀就讀、想找什麼再讀；心情好就多翻幾頁或多念幾本，更想做別的事就暫時停止；沒有固定的進度，當然也不會有「必須完成」的壓力。

就妹妹本身的經驗來看，急著想在時間內完成作業的心情，早已取代單純享受閱讀的隨興，閱讀已經不再是一項可以自己選擇的「活動」，反而被視為是學校的功課或作業。

對於原本就熱愛閱讀的孩子來說，是作業還是活動根本沒有差別，但對於尚在摸索閱讀口味，或者剛開始頻繁接觸課外書的孩子們來說，作業規定的閱讀頻率並沒有因人而異，當自己無法決定學習的節奏時，顯然成為打壞胃口的主要原因。

放下對「喜愛閱讀」的行為想像

這世上當然有非常喜歡閱讀的孩子，而且隨處可見，他們著迷於書本裡的故事、涉獵領域甚廣，什麼主題都能翻一翻，時時刻刻身邊都想帶本書，彷彿像是大人迷日劇般的掛念主角的喜怒哀樂和情節轉折。

我自己小時候就是這樣的孩子，然而一旦我們心中有這樣的角色，就越不容易跳脫出來理解孩子的困難，到底怎樣才算「喜愛閱讀」？要讀多少才是有「閱讀習慣」？還是我們根本不該有這個問題？

我似乎找到調整的方向。妹妹仍舊得面對每週的閱讀卡和學習單，因此第一步先嘗試把「閱讀活動」和「作業」分開，讓妹妹重新掌握決定閱讀的自由。妹妹先以最快完成作業為前提，挑選五本繪本念完填上，安了自己寫完作業的心情之後，才能回到從容悠閒的狀態，可以慢慢挑書、細細品味、用自己的方法讀完一本書。

第二步則是協助妹妹找到自己有興趣的書，讓閱讀的動力來自內心的求知與好奇。接下來好一陣子我刻意隻字不提讀書這件事，只專注挖掘妹妹有興趣的活動，例如：捏陶、賞鳥、畫畫，一旦確認興趣再自然而然地找書查資料，有好幾次妹妹忍不住驚呼：「我都不知道有這種書耶。」

有了具體的學習方向，妹妹重新看待圖書館，跳脫兒童區探索其他區域，像是發現新大陸一樣，開始知道「閱讀」怎麼豐富她的興趣、她的生活。有時候借回家的書翻沒幾頁，也有些太愛不釋手就要求我買下收藏，就這樣一點一滴建立屬於她自己的選書風格。

這樣再過了一學期，妹妹已經摸清楚自己的興趣和閱讀方式，閱讀卡上漸漸不再只有規定的五本書，也不再只挑輕鬆的繪本寫，一切隨心所欲，或多或少、或快或慢，都不再是定義她閱讀能力的任何證據。

這一路走來最大的收穫並非如何建立孩子的閱讀習慣，反倒是再次提醒自己「做得太多、太積極」的老毛病容易讓事情本末倒置，唯有停下汲汲營營的功利思考，分享自己對閱讀的樂趣和熱情，才能讓孩子知道書本對她的意義何在，或許才有可能將閱讀深植在她的人生裡。

家．長．的．日．常．反．思

．我們也曾經喜歡過「無用」的書嗎？

．這些書在人生裡曾扮演什麼角色？

・每個階段喜歡的書都類似嗎？也能成為了解自己或孩子的重要指標之一嗎？

她只是不知道她辦得到

小學一年級的回憶裡，有件事情至今仍讓妹妹津津樂道。這位視上台為畏途、不喜歡別人注意自己的孩子，成功克服自己的心理障礙，完成校內小小說書人比賽，當時的兩個月裡跟隨著老師擬的進度，一步步用自己緩慢的節奏準備，才好不容易完成這樁苦差事。沒想到升上二年級的說書人比賽，妹妹嘴裡雖不願鬆口參加，但最後竟然默默地在參加欄上打勾，她知道現在的她做得到這件事，即使未必做得非常好。

好不容易「擺脫」小小說書人比賽，接著是校內舉辦的英語多元競試，學校導師一聲令下全班報名參加，妹妹哭喪著臉、心不甘情不願地拿著報名表回來，一到家馬上發難：

「為什麼規定都要參加？不參加又不會怎樣？」

「早知道規定要參加英文的，這次就不要參加說書人比賽了！」

「老師說個人和團體組都要參加，這樣要比賽兩次耶！」

……

我安靜地聽著，心裡的天平也不斷在兩端間擺動：

孩子說得一點都沒錯，比賽原本就是自由報名，這與上課作業不同，沒有一定要做的義務，更何況勉強參賽也沒有什麼樂趣可言，只剩下壓力而已；真要再深究下去，「比賽」這種形式的教育活動對孩子到底有沒有任何幫助，還是帶來不必要的競爭比較，也是從另一種角度提出的質疑。

此時，我可以選擇做一位「進步開明」的家長跟老師溝通，說明權利義務並請老師取消對孩子的規定；我也可以選擇鼓勵孩子試試看，挑戰用英文說故事。到底什麼決定對孩子比較好呢？

首先跳入腦袋裡的疑問是，為什麼老師願意花額外時間輔導學生並冒著被家長質疑的風險，扮黑臉下令學生全部參加，而且希望孩子不只個人參賽，也要組隊參加團體組呢？這當中一定有什麼特別用意。

回過頭來想想自己的孩子，通常面對陌生的事情比較抗拒嘗試，有時候未必是能力做不到，就是跨不過自己心理那關，這種抽象障礙也很難具體說明，最好的辦法就是有個適當的挑戰，讓她擁有小小的成功，再逐漸摸索出那障礙到底究竟是什麼。

以上都只是「我」的想法，孩子當然有絕對的權利決定自己最後是否參賽。「老師的規定」如今恰恰好發展成最好的測試情境：孩子可以選擇準備上台比賽，也可以選擇「自己」跟老師反映不願意參賽，不論是哪一種結果我都支持並作為後盾。這兩個選項對妹妹而言都有各自的困難，接下來把問題丟還給她，反而能觀察在她心中到底哪件事比較容易克服，又選擇哪一件事突破。

從弱點出發，轉換比賽的定義

等我告知完這些想法，妹妹二話不說立刻決定參賽：

「那我還是參加比賽好了，要跟老師說那麼多很麻煩，而且這樣只有我不用參加，我覺得更奇怪。」

「所以妳覺得參加比賽沒那麼困難吧？之前也上台好幾次，那妳想想自己為什麼不喜歡？」我猜想有了比較經驗，也許對自己心裡會更清楚點。

「我不喜歡唱歌講故事給不熟的人聽，而且團體分組要跟別人約時間練習，真的很麻煩。」妹妹回答。

孩子的回答不僅可以消除家長的疑慮，也釋放出更多線索給父母：妹妹不是表演欲強的孩子，對於這種表現自己的方式會感到不自在，這與「英文好不好」、「想不想努力」沒有任何關聯；此外對於團體合作的經驗顯然不足，需要找機會加強。

透過討論，孩子已經「心甘情願」做出選擇，那麼接下來任務已經清晰可見。我們一起填寫報名表，一起把這次比賽「轉換定義」：把這件事當成一種上台分享的報告形式就好，不是表演、不須在意獎項，只要分享與完成。

我猜得不錯，老師私下告訴我她的用意是希望孩子們動起來，說什麼唱什麼都好，根據自己的能力挑選主題即可。最重要的是可以進去會場看看別人的表現、欣賞別人的進步，對低年級孩子來說，觀摩別人是他們很有興趣的活動，特別是比賽場合能看到臨場的反應，與一般班上活動很不一樣。

對於「比賽」的定位三方確認之後，妹妹心裡頭輕鬆多了，沒有太多成敗負擔，只有「報告截止」的日期壓力而已。在月曆上圈出比賽日期後，我也就悶不吭聲，看看接下來會怎麼發展。

尊重孩子節奏，放手讓她嘗試

有趣的事情來了，妹妹從沒練習過一次個人賽的內容，她自己隨便挑首幼兒園的兒歌交差了事，聽說老師撥空安排大家上台預演，妹妹也抵死不從，她說她會了但不需要唱給誰聽，因此從頭到尾沒人聽她唱過。老師和我有共同默契，摸摸鼻子不強迫她，反正是她要上台，我們相信她準備好了。

倒是團體組的說故事，妹妹採取主動角色，請我幫忙改寫她最喜歡的故事對白，但是該怎麼和另一位也是安靜害羞的同學協調溝通，才是她最頭痛的部分。於是我們討論最多的是如何確認同學喜歡這個故事、該怎麼開啟對話？如果同學不喜歡，我們又該怎麼因應？接下來妹妹還得開口問對方家長電話、跟同學討論練習時間、要去哪裡練習……等等的細節安排。

妹妹曾經開口請我協助和家長溝通，不過我告訴她這是這次活動裡最重要的部分，得請她自己一項一項搞定；兩個小女生後來只成功約出來練習一次，練習時把握機會只能培養默契，其他的只得回去各自加強背熟。

原本被動參賽的妹妹，沒想到比賽前兩天積極起來，突然想做角色頭套，原來她看見其他組準備道具，於是兩位小姑娘也想跟進做點東西，而頭套則是她們的討論結果。下午五點多去買厚紙板開始動工，妹妹一碰到手作開心不已，花了一兩個小時畫頭套花邊，雖然這根本不是比賽重點，但是這是她參加比賽以來最感興趣的準備工作，我也讓她盡情沉浸在製作道具過程裡。

所有的教養，都是為了「自己不在孩子身邊」的時候

比賽前一天晚上妹妹還耍了個小手段，把稿子道具都放在學校不帶回家，表明不再複習的意思，整晚看著有趣的ＤＶＤ放空，絲毫看不出來把這事情掛在心上。什麼都做不了的空虛感讓我反而替她緊張，只好寫張紙條塞進餐袋裡對她說：明天比賽前記得讀這張紙條，這是我給妳的錦囊妙計喔！

隔天比賽前，妹妹真的打開紙條認真閱讀，坐在一旁觀賽的校長看到這幕拍下照片上傳，看著這張照片我非常感動，照片裡的她淡定地看著紙條，另一張照片裡笑著跟同組同學對台詞，能有機會看到比賽現場她的態度、她的表情，讓我更加確定這次參賽活動是項成功的嘗試。

在這個過程裡，英文比賽只是個「情境」，**真正重要的是如何協助孩子在不喜歡的活動裡找到挑戰自己的任務、找到轉換成功的定義，並進一步認清自己的弱點和惰性**。最重要的是當初「規定」參賽的老師和我們讓孩子感到充分信任，我們真的不在意結果，只在意是否願意跨出一步試試看。妹妹完賽後的那個晚上，不斷和家人們分享比賽時的各種細節和評論，我們都能充分感受她的興奮和

自信。

是逼迫？還是臨門一腳的推力？

是尊重意願？還是放任恐懼滋長？

這些都只有一線之隔，存在於我們的一念之間。

孩子可以做得到，她只是不知道她可以。

家·長·的·日·常·反·思

・當我們說要「引導」孩子踏出舒適圈、突破瓶頸時，真正付出陪伴的時間心力有多少呢？

・我們是否也能接受孩子挑戰失敗的結果？

國家圖書館預行編目資料

世上沒有理想的父母／羅怡君著. --初版. --臺北市:寶瓶文化, 2016. 10
面； 公分. --(Catcher ; 084)
ISBN 978-986-406-067-2(平裝)

1. 親職教育 2. 子女教育 3. 親子溝通

528. 2　　105017748

Catcher 084

世上沒有理想的父母

作者／羅怡君

發行人／張寶琴
社長兼總編輯／朱亞君
主編／張純玲
編輯／賴逸娟・丁慧瑋
美術主編／林慧雯
校對／賴逸娟・陳佩伶・劉素芬・羅怡君
業務經理／李婉婷
企劃專員／林歆婕
財務主任／歐素琪　業務專員／林裕翔
出版者／寶瓶文化事業股份有限公司
地址／台北市110信義區基隆路一段180號8樓
電話／(02)27494988　傳真／(02)27495072
郵政劃撥／19446403　寶瓶文化事業股份有限公司
印刷廠／世和印製企業有限公司
總經銷／大和書報圖書股份有限公司　電話／(02)89902588
地址／新北市五股工業區五工五路2號　傳真／(02)22997900
E-mail／aquarius@udngroup.com

法律顧問／理律法律事務所陳長文律師、蔣大中律師
如有破損或裝訂錯誤，請寄回本公司更換
著作完成日期／二〇一六年七月
初版一刷日期／二〇一六年十月四日
初版三刷日期／二〇一六年十一月七日
ISBN／978-986-406-067-2
定價／三〇〇元

愛書人卡

感謝您熱心的為我們填寫，
對您的意見，我們會認真的加以參考，
希望寶瓶文化推出的每一本書，都能得到您的肯定與永遠的支持。

系列：Catcher 084　**書名：世上沒有理想的父母**

1. 姓名：＿＿＿＿＿＿＿＿＿　性別：□男　□女
2. 生日：＿＿＿年＿＿＿月＿＿＿日
3. 教育程度：□大學以上　□大學　□專科　□高中、高職　□高中職以下
4. 職業：＿＿＿＿＿＿＿＿
5. 聯絡地址：＿＿＿＿＿＿＿＿＿＿＿＿＿＿＿＿＿＿＿＿＿＿＿＿＿＿

   聯絡電話：＿＿＿＿＿＿＿＿＿　手機：＿＿＿＿＿＿＿＿＿
6. E-mail信箱：＿＿＿＿＿＿＿＿＿＿＿＿＿＿＿＿＿＿＿

   □同意　□不同意　免費獲得寶瓶文化叢書訊息
7. 購買日期：＿＿＿年＿＿＿月＿＿＿日
8. 您得知本書的管道：□報紙／雜誌　□電視／電台　□親友介紹　□逛書店　□網路

   □傳單／海報　□廣告　□其他
9. 您在哪裡買到本書：□書店，店名＿＿＿＿＿＿　□劃撥　□現場活動　□贈書

   □網路購書，網站名稱：＿＿＿＿＿＿＿　□其他＿＿＿＿＿＿
10. 對本書的建議：（請填代號　1.滿意　2.尚可　3.再改進，請提供意見）

    內容：＿＿＿＿＿＿＿＿＿＿＿＿＿＿

    封面：＿＿＿＿＿＿＿＿＿＿＿＿＿＿

    編排：＿＿＿＿＿＿＿＿＿＿＿＿＿＿

    其他：＿＿＿＿＿＿＿＿＿＿＿＿＿＿

    綜合意見：＿＿＿＿＿＿＿＿＿＿＿＿＿＿＿＿＿＿＿＿＿＿＿＿＿＿＿＿＿＿＿
11. 希望我們未來出版哪一類的書籍：＿＿＿＿＿＿＿＿＿＿＿＿＿＿＿＿＿＿＿

讓文字與書寫的聲音大鳴大放

寶瓶文化事業股份有限公司

（請沿此虛線剪下）

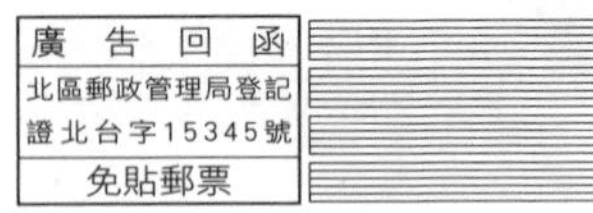

寶瓶文化事業股份有限公司　收

110台北市信義區基隆路一段180號8樓

8F,180 KEELUNG RD.,SEC.1,

TAIPEI.(110)TAIWAN R.O.C.

（請沿虛線對折後寄回，謝謝）